ペトラ・ボック
Petra Bock
田中順子［訳］
Junko Tanaka

臆病な自分から自由になる方法

MINDFUCK

文響社

臆病な自分から自由になる方法

MINDFUCK

父に捧ぐ

はじめに

本書では、昔から誰もが知っている現象に対する新しいアプローチをご紹介します。その現象とは、自分で自分の邪魔をしたり、自分の揚げ足をとったりして、まるでハンドブレーキをかけたままのような状態で毎日を送ってしまう……そんな習慣のことです。

これを私は「マインドファック（MINDFUCK）」と呼んでいます。

なぜ、そう呼ぶのか、どうしてこのテーマに注目したのか、私自身の経験とどう関係しているのかについては、第1章で説明します。

第2章では、私たちがいったいどのように自分を妨害しているのかを体系的に記述しました。まずはそれを知ることが、この習慣をやめる第一歩です。

もちろん、どうすれば心の自己妨害から解放されるか、どうすれば潜在能力を存分に発揮できるかといった具体的なアドバイスもします（第4章で扱います）。

とにかくすぐに問題の答えを知りたいという方は、第3章を飛ばして第4章を読んでもいいでしょう。けれど、このテーマを深く掘り下げ、自分自身をもっと理解したい、これまで無意識のうちに陥っていた思考プロセスについて知りたいという方は、ぜひ第3章も読んでみてください。きっと、これまでの人生やあなたの考え方の癖を、かつてない角度から見られるようになるはずです。新たな次元へと成長する道も見えてくるでしょう。

私にとっては、心の自己妨害についてまとめ、解決策を探るだけではなく、「なぜ、自分で自分の邪魔をしてしまうのか」というのが、非常に重要な問題でした。それをテーマにしたのが第3章です。

〝なぜ〟を追求して原因を突き止めれば、持続的な効果を持つ解決策が見つかるかもしれないという思いのもとで、発達心理学、脳科学をはじめとする幅広い分野の学問を頼り、過去、現在、未来を分析しました。

さあ、私たちの心の源を探る、ワクワクするような旅に出発しましょう。きっと、今が希望に満ちた時代の始まりだというのがわかってくるはずです。

この本の使い方は自由ですが、とにかく、あなたの発見の旅が楽しみに満ちたものになることを願っています。そして、いつかそのお話をうかがえるのを楽しみにしています。

ペトラ・ボック博士

目次 contents

第2章 7種類のマインドファック

第4章

マインドファックから自由になる方法

第5章

理想の人生を手に入れる

ない／心を開いて視野を広げる／人生に対する視点を変えた経営者／〝ケーキ〟を完食した女子学生／燃え尽きてしまった女性教師／「内なる番人」が役割を変えるとき／友人としての番人／私が多忙でも講演を引き受けた理由／好きなことをあきらめる必要はない／絶体絶命でも道はひらける／「生活の質」を追求するのは身勝手？／人生の〝次〟の発展段階を考える／建設的な思考の論理／疑念や矛盾を解きほぐす／自分と対等に話をする／大人であるという幸せ／自分に正直に生きる／大人の視点から物事を見る／建設的な生き方／好奇心が人を前進させる／興味を持つことの重要性／「自分の能力で対処できる」という信頼／目をつぶってやり通す／自分の能力を信じる／新しい状況に信頼で対処する／パートナー選びをあきらめていた女性／なぜ失業中の男性は自信を取り戻したのか／自分自身を新しい考えに導く／心と身体を和解させる／自分のコンディションを知るための「身体日記」／感情に対する恐れをなくす／理想的な人生のために集中すべきこと／人生の重要な「変数」／有限の資源——時間と身体

第1章

Chapter1

私たちの成功を邪魔するのは誰？

毎日が楽しかった子ども時代

子どもの頃の私は、毎朝、学校へ行く支度をしながらラジオを聞いていました。とくに好きだったのは、いつも「今日1日を前向きに始めましょう」という言葉で始まる番組です。私がいわゆる「メンタルの自己管理」というものに出合ったのは、おそらくあれが初めてでした。

私は、毎回このメッセージに惹きつけられていましたが、司会の女性の諭《さと》すような口調には、何となく納得がいきませんでした。

(前向きなメッセージなのに、どうしてそんな言い方をするのだろう……)

当時は大人がどれほど後ろ向きな気持ちで1日をスタートさせるか知らなかったのですから、無理もありません。大人の心の中の現実がどんなものかもわかっていませんでした。

あの頃は、朝が来て目覚めると、決まってその日1日が楽しみでした。

毎日が新しい冒険だったからです。

私は他の多くの子どもたちと同じような日々を送りました。楽しいことばかりではありませんでしたが、毎日が新たな経験や発見であふれていました。

うっとりするような味、内緒話、清々《すがすが》しい空気、家の前の通りで一緒に遊んだ友達……。

毎晩、寝なさいと言われても、なかなか眠りたくありませんでした。

大人たちがお皿にポテトチップスやピーナッツなどのおつまみを盛って、まさに楽しもうとしているときに、自分だけベッドに入ることなんてできるでしょうか。

テレビでおもしろい映画が始まる時間なのに、しかも、夜はこんなに暗くて神秘的なのに、どうして寝ることができるでしょうか。

(ベッドに入って目をつぶらなければならないなんてあんまりだ!)

私はそんなふうに思っていました。

自分が自分を妨害する!?

あれから約30年が経った今では、私にも、プラス思考の先駆けだったあのラジオパーソナリティの口調の意味がよくわかります。

私自身、さまざまな心配や不安を経験してきましたし、毎日、多くの大人の心の中にあるのと同じことを感じています。

大人は、私が〝マインドファック〟と呼んでいるものによって、自分自身を妨害しているのです。朝起きた瞬間からあれこれ思い悩み、嫌々仕事に行き、まるでハムスターの回し車に乗せられているみたいな気分の人。退屈のあまり、昼でも眠っているような気がしている人。外から見ると大成功を収めているのに、内面はボロボロで、今、自分の手の中にあるものでは幸せを感じられない人もいます。

多くの大人にとって、望んでいる人生と現実との間には大きなギャップがあります。全然良い状態とは言えないのに、残念ながら多くの人がそんな状態が普通だと思っているのです。

私は何年も前から、「心の自己妨害《メンタル・セルフサボタージュ》」の問題に取り組んできました。

経営コンサルタント及びコーチとして、職業的にだけでなく、人格的にも成長したいという人たちのために働いています。

コーチングとは、個人のためのコンサルティングのひとつの形態です。もともとは競技スポーツの世界で行われていましたが、ビジネスの分野にも入ってきました。

個人を対象としたコンサルティングといっても、精神療法士のような仕事とは違います。

コーチングは、精神的に健康な人を対象にしているのです。

コーチングは、どうすれば目標を達成できるか、あるいはより大きな成功を収められるか、生活の質を向上させられるかということに取り組みます。ハーバード大学医学大学院で精神科医兼コーチをしている同僚は、その違いを実に見事に表現してくれました。

「精神療法でたどるのは、涙の道。コーチングでたどるのは、夢の道」

つまり、私の仕事は人々が自分の夢を見つけ、夢をバランスのとれた目標に変え、その目標をうまく達成する手伝いをすることです。だからこそ、何年も、何十年もの間、目標達成を自ら妨げている人たちの姿を目の当たりにしてきました。

世の中には、自分で自分を妨害するような考え方が蔓延《まんえん》しています。この考え方は、あらゆる領域で、何かを達成しようとするたびに現れます。

コーチングが人生を変える

私は毎日の仕事を通じて、世代や職種を問わず、いろいろな状況にある人たちと向き合っています。ドイツ、オーストリア、スイスから、さまざまな社会階層の人が助言を求めてやってきます。中には人生を方向転換したいという有名人や、何か画期的なことを成し遂げたいという政治家もいます。会社の役員になろうとしているマネージャーもいます。

私はそうした人たちに対しても、他の人たちと同じように接しています。

これまでで最年少のクライアントは18歳、最も年長のクライアントは83歳でした。

医師から観葉植物の専門家まで、数え切れないほどの職種の人のコーチングをしてきました。

おかげで、ネコの葬儀屋は儲かるということも知っていますし、航空機のタービン技師にとって最も重要なのは、いつでもどこでも欠陥を探す能力だということも知っています。

死ぬほど退屈していた市の職員にコーチングしたこともありますが、彼女は今では記者としてあちこちを夢中になって飛び回っています。タイでダイビングスクールを開いた元財務官吏もいます。

午前中はコソボ国際安全保障部隊（ＫＦＯＲ）の将校に会い、昼にはドイツのメクレンブルク＝フォアポンメルン州の家具職人にアドバイスをし、夕方にはスイスで途方もない財産を相続することになっている人と面会する……。そんな１日をすごすこともあります。

彼らはみんな、自分の新たな方向性を確認したい、それぞれの分野で向上したいと思っています。自分のこれまでの人生や成功の戦略を語り合い、場合によっては軌道修正するために、専門のスパーリングパートナーを探している人もいます。人生の意義を求めている人もいますし、もっと稼ぎたい人、大きな目標を達成したい人、仕事を減らしたい人もいます。

「どっちみちうまくいかないよ」

これほど多くの人と何年も仕事や人生の問題について話していると、１人ひとりの事情にかかわらず、すべての人に共通して見られるパターンがあると気づきます。

金持ちでも美人でも、あるいはごく普通の人でも、私たちみんなに一致しているのは、頭の中にもうひとつの世界があるということです。そこには自分自身や自分の人生についての〝意見〟があり、それが、「本当に望む人生」を送るのをくりかえし邪魔するのです。

いわば、頭の中のバリアです。

もっとできるかもしれないのに、いざ実行するとなると、なぜかできなくなってしまう。

それはこのバリアのせいです。このバリアは、想像と思い込みがひとつになったもので、私たちの行く手をさえぎり、前進を妨げます。

そのせいで、本当の幸せを求めることをいつの間にかやめてしまう人もいます。

明確な目標があり、高いモチベーションを持ってことに当たっていたはずなのに、あるときを境にすべてがうまくいかなくなり、あきらめたり、自分が目指していたものは間違いだったと認めることになったり、または本人にもわからない理由で失敗したりすることもあります。

これは仕事でも私生活でも起こり得ることです。ほんの一瞬、頭に浮かんだ考えや感情やイメージ、またはその３つが、自分自身を妨害し、前に進めなくするのです。

そうした思考を、私たちは「心の声」だと思い込みます。

誰でも覚えがあるでしょう。私が講演会などでこの「心の中の批判者」の話をすると、決まって、聴衆の間にざわめきが広がります。まるで、何年も前から気にさわっている古い知り合いについて話をされたかのような反応です。

お抱え運転手付きの車で立派なオフィスに通っていようが、スーパーマーケットのレジに立っていようが、私たちはみんな、自分自身に対して腹立たしい存在になり得るのです。

誰もが知っているその嫌な声は、私たちが何かを始めようとすると、「どっちみちうまくいかないよ」とささやきます。あるいは、何か新しいことを試そうとすると、したり顔で「そんなの現実的じゃない！」とか「危なすぎる！」とか「いったい何を勘違いしているんだ?」などと忠告してくることもあります。

自分には価値がないという女性企業家

多くの場合、こういう声は、実に都合の悪いタイミングで嫌なことをささやきかけてきます。

数年前、私はある女性企業家のコーチングをしました。

彼女はあるすばらしいプロジェクトのために投資家から資金を募ろうとしていましたが、投資家たちとの最初のミーティングはうまくいきませんでした。そこで彼女は、私の助けを借りて次のチャンスのための準備をしようとしました。

私は彼女のプレゼンテーションを聞き、とても感銘を受けました。だから、いったい何がいけなかったのか、最初はわからなかったのです。

そこで、投資家たちの前に立ったときに何を考えたのかと彼女に尋ねました。

部屋に入って話し始めるまでの数秒の間に、彼女の頭に何がよぎったのかを正確に知りたかったのです。彼女はこう答えました。

「私にはこのお金を受け取る価値なんかないと思いました。実際、もう年をとりすぎているし、このプロジェクトは誰もが考えることかもしれないと思ったのです」

つまり、自信に満ちた態度をとることが大切な瞬間に、こんなふうに自分を卑下するような後ろ向きの考えで、自分自身のチャンスを妨害してしまったのです。

彼女が自信なく見え、投資家から十分な信頼を得られなかったのも不思議はありません。

そこで私は、その点にとくに力を入れて、彼女と一緒に準備をしました。

果たして、2回めのプレゼンテーションでは、彼女は資金を手に入れることができたのです。

しかし、私たちが自分で自分にダメージを与える原因は、このようにいきなり心の中にできるバリアだけではありません。「心の自己妨害」のせいで、まったく自分に合わない人生に入り込んでしまうこともあるのです。

世界旅行に行きたかったビジネスマン

あるとき、ベルリンからロンドンに向かう飛行機の中で、ひとりのビジネスマンと話をしました。40歳ぐらいでしょうか。彼は私の職業がコーチだと知ると、自分は今のままの人生をあと20年も続けるなんて耐えられない、と言いました。

彼は、ちっともやりたくなかった仕事に就いて、好きでもない街で我慢ならない人々を相手にあくせく働いているというのです。

「すべてを自由に決められるとしたら何をしたいですか？」

私がそう尋ねると、彼はすぐにこう言いました。

「全部放り出して、妻と子どもを連れて、まずは世界旅行をします」

それから彼は夢中になって話し始めました。仕事の話をしていたときにはイライラしていて、弱々しくすさんだ印象だったのに、今やその瞳が輝き、背筋をピンと伸ばして、身ぶり手ぶりを交えてイキイキと話しています。

昔からの夢を忘れることなく抱き続けているのに、何者かが彼にとって本当に意味のあること、つまりその夢を実現するのを妨害しているのです。

私は彼に、「それなら、いつ出発するのですか？」と尋ねました。

すると彼は言葉に詰まり、再びイスに沈み込んでしまいました。同時に無表情になり、低く事務的な声で、まるでそこに自分を閉じ込めているみたいにこう言いました。

「まあ聞いてください。子どもたちはまだ学校へ通っていて、妻と私はある程度の生活水準を維持しています。子どもたちには最高の教育を受けさせてやりたいと思っているので、夢みたいなことを考えている余裕なんかないんです。どうしてもあと数年はがんばらなければなりません。でもね、友達の中には55歳でうまく年金生活に入れそうな連中もいます。私もこのまま続ければ、何とか年金をもらえそうです。それからでも、世界旅行やその他いろいろなことをする時間は十分あります」

彼の目からはすっかり光が消えていました。それから彼は席を立ってどこかに行き、また戻ってくると、経済新聞に手を伸ばして着陸直前までそれを読みふけっていました。

飛行機が着陸したとき、彼は私に言いました。

「きっと、私のことを救いがたいヤツだと思っていらっしゃるでしょう？　でも違います。私は単に現実主義者なだけです。他に選択肢がないんですよ」

驚いたことに、それでも彼は私の名刺がほしいと言いました。

2年後、彼から電話がかかってきました。彼は私に、改めて人生について考える手助けをしてほしいと言いました。55歳で年金生活に入ろうとしていた彼の友人のひとりが、休暇中に心筋梗塞で亡くなったというのです。45歳でした。

満足とはほど遠い人生

このビジネスマンは、自分の義務を重視して、「何をするか」「何をしてはいけないか」を決めることが理性的だと思っているようでした。

それは、他の人たちと同じように行動し、表面的にはうまくいっているように見える人生を送ることを意味していました。

彼自身がどう感じるかは二の次だったのです。それは、真の充足とはほど遠い、義務感や不安、心配、疑念、矛盾に満ちた人生でした。誤った方向を示すコンパスに従って生きているようなものです。そんな人生を数十年も続けるとなると、大変なエネルギーが必要です。

私たちは心の中で、ときどき自分自身と一見何でもないような会話をすることがあります。

たとえば、ある出会いを自分がとても楽しみにしていることに気づくと、私たちはまず、「いやいや喜ぶには早すぎる。うまくいかないかもしれない」と考えます。

講演をすることに決めた途端に、「こんなテーマ、今ではもう誰も興味を持たないかもしれない」などと考えます。何かで2位になると、「1位だったらよかったのに」と考えてしまいます。そのとき、心の中に大きな歪みが生じて、対話がこんなふうに聞こえてきます。

「私はこれをやり遂げられるほど優秀じゃない」

「私には本当に愛される価値なんかない」

「私自身にも私の仕事にも、誰も期待なんかしていない」

「うまくいきそうなところで、決まって何かひどいことが起こるんだ」

「マインドファック」とは何か？

業績をあげられるかどうかというとき、人生を左右するような決断を迫られたとき、仕事やプライベートの問題に直面したとき、私たちは自分の考え方で自分自身を妨害しています。

まるで「内なる声」であるかのように頭の中に存在するこの思考を、私は〝マインドファック〟と呼んでいます。

これが好ましい表現でないことはわかっています。でも、私たちが頭の中で自分に対してしている仕打ちも、まったく好ましいものではありません。

ひとつ、例を示しましょう。

映画館やテレビで怖い映画を見た後に、暗闇でビクッとしたことはありませんか？

これは、物語の影響がまだ心に強く残っていて、映画を見たときに感じたことや考えたことを現実に引き入れてしまうために起こる現象です。そんなときには、窓に映る影を侵入者だと思い込んだりします。ベッドの中で目を見開き、息をのみ、不安でいっぱいになり……。

でも、その影は、実際は街灯に照らされた柱の影にすぎません。

これは、空想によって現実が歪められたせいで、嫌な思いをする例のひとつです。

マインドファックによって自分自身を妨害するのも、まさにこれと同じ理屈です。

私たちは、現実を歪めて理解したり、誤解したり、あるいは、そこにないものを現実ととらえてしまうこともあります。

映画監督の中には意識的にこれを利用する人もいます。フィクションと現実を何度も行き来して観客を混乱させ、幻想の世界へと引き込むのです。

ですから、〝マインドファック〟という言葉は、そうした概念を表すものとして映画やテレビの愛好者に使用されています。

しかし、〝マインドファック〟という言葉には他の意味もあります。

To fuck with somebody's mind は英語のスラングで、非常に不快なやり方で誰かを操ることを意味しています。

でも〝マインドファック〟となると、他の人は必要ありません。犠牲になるのは自分自身だからです。誰もがそれぞれ「個人的な考え」や「心の中の映画」を持っていて、それによって自分を操作するのです。マインドファックはたいていの場合、感じのいいものではありません。

ときには、「心の自己妨害」が気分を高揚させ、躁状態に近い効果をもたらすこともあります。そういうときには、突如として自分がすべてを支配しているかのような、世界が自分の思い通りに動いているかのような気持ちになります。

でも、やがては気分が不安定になり、夢や希望や目標はいつまでも実現できず、自分に自信がなくなって才能を活かせず、人間関係も壊れ、負の結果ばかりがもたらされるのです。

幸いにも、私たちは〝マインドファック〟に立ち向かうことができます。長年にわたるコーチとしての経験から言うと、自分のマインドファックがどのようなタイプなのかを認識し、それに終止符を打てば、あなたの人生は間違いなくより良くなります。

自分の道を自分で妨害するような破壊的な思考パターンから解放されれば、日々の中に落ち着き、率直さ、創造性への予期せぬ力を見出せることでしょう。

これまで慢性的な猜疑心にさいなまれ、停滞状態に陥っていた人も、創造性とインスピレーションを取り戻し、イキイキと積極的な生き方ができるようになります。

そして、自分自身の能力に対しても、まったく新しい感情を抱けるようになるでしょう。

大人であるあなたには、自分の人生を自力で切り開き、計画を立て、大事な決断を下し、実行することができるのです。それがわかれば、あらゆる可能性が広がり、あなたの生活の質もぐんと高まり、新しい次元に到達するでしょう。

私たちは矛盾した行動をとる

人間が自分で自分の妨害をするという現象は、さまざまな分野の専門家によって指摘されてきました。

心理学者でありコミュニケーション学の父とも呼ばれるポール・ワツラウィックや、現代コーチングの創始者のひとり、ティモシー・ガルウェイも、同じような現象の解明に取り組んできました。

ワッラウィックは、30年ほど前に数百万部のベストセラーになった著書『Anleitung zum Unglücklichsein（不幸になるための手引き）』の中で、間違った思い込みがいかに人生を困難にするかを示しました。

１９７０年代にはティモシー・ガルウェイが、スポーツ選手は試合になると精神的に自分を妨害しがちだと気づき、驚くような結論に達しました。

テニス選手の最大の敵はネットの反対側ではなく、自身の頭の中にいるというのです。

また、最新の心理学研究でも、私たちはときに矛盾した、または一貫性のない行動をとるということがわかっています。たとえば、本当はリンゴを食べたかったのにケーキを食べてしまう、あるいはその逆が起こる、といった具合です。

こういった現象が起こるのは心の中に対立する衝動があるからなのですが、そういうとき、私たちの心は、そのつど解決策を見つけなければなりません。

多くの研究結果が示す通り、これは繊細なバランス感覚と大量のエネルギーを必要とする行為です。こういったときには、意志と行動が一致しているときと比べて、私たちの能力は著しく低下します。

ですから、何かを成し遂げたいとき、何かを変えようとするとき、あるいは新しいことを学ぼうとするときには、できる限り自分を妨げないことが大切です。

同じように、意志と感情と理性も、対立させるのではなく協調させなければなりません。

3つが協力関係にあると、私たちの内面はリラックスした心地良いムードに包まれます。すると、物事に対する好奇心や興味がわいてきて、活発な気持ちになるでしょう。そういうときにこそ、私たちの心は大きな力を発揮し、本当の目標を達成できるのです。

変化のときに人を動かすのは何か

〝マインドファック〟という現象について調べる際には、心理学、脳科学、コーチングなど、さまざまな分野の過去の研究の成果を頼ることができました。それでも、「自己破壊」や「自己妨害」のプロセスについては、ほとんど何もわかっていないに等しい状態でした。

自己妨害の方法には、どのようなものがあるのか？　どんな効果をもたらすのか？　1つひとつは互いに無関係な思い込みにすぎないのか？　それとも、何か共通する構造があるのか？　自己妨害の原因は何か？　マインドファックを引き起こすのは何か？　実際のところ、誰が何を妨害するのか？　いったい何のために、なぜこんなことが起こるのか？

そして、何より、どうすればそういった〝思考のゴミ〟を取り除けるのか？

現在の仕事を始めてからの経験だけでなく、研究者、そしてビジネスコンサルタントという以前の職歴も、この問題の答えを見つけるのに役立ちました。

大学時代、私は社会における変化のプロセスについて何年も研究していました。とくに注目していたのは、独裁体制から民主主義へ移行するとき、または、その逆に民主主義から独裁体制へ移行するときに、人や組織がどう動くのか、という問題です。

その後はフランクフルトの金融界に移り、コンサルタントとして、変革のプロセスを乗り越えた企業と仕事をしました。

その頃にはいたるところで「変化のときに人を動かすのは何か」を目の当たりにしました。変化のプロセスの中で、人はどのように行動するのか、そして、そのとき彼らの頭をよぎるものは何なのか？

変化に適応する人もいれば、あきらめる人もいました。積極的になり、人生や仕事を再び開拓していく人もいました。彼らをそれぞれの方向に仕向けるものは、いったい何なのか。

あの頃の経験は今の私の仕事にしっかりと反映されていますし、マインドファックという現象を深く理解し、自己妨害をやめさせる手がかりを見つけるにあたり、大いに役立っています。

当時の発見の中で、とくに重要なものが2つあります。

頭の中のパラレルワールド

個別の思い込みをあれこれ取り上げても、問題は解明できません。

長年の観察の結果わかったのは、個々の破壊的な思い込みの背後には、パターン化した思い込みがつながり合ってできた、大きな世界があるということです。

その世界では独自の論理が働き、破壊的思考や破壊的確信がくりかえし生み出されています。

ここで生まれて私たちを混乱させる破壊的な考え方は、私たちの思考にひとつの構造をつくり上げます。それが、何度もくりかえされる思考パターンとなるのです。

次章で詳しく見るように、これが私たちの頭の中にあるもうひとつの世界、いわゆる「パラレルワールド」です。この別世界には、完全な信念体系、独自の言語、独自の論理、そして独自の表現があります。

この世界は、意識と無意識の中間にある「前意識」に存在し、私たちが自分自身や世の中や人生について実際に考えていることを反映しています。

実は、私たちは自分で望む以上にこのシステムに縛られています。

少しの間なら、別の人生や新しい目標に向けて意欲を燃やすこともできるでしょう。しかしすぐに、良い方向への変化を続けることがいかに難しいかを思い知ることになります。

なぜなら、このパラレルワールドの存在を認めて、間違った方向を示す心のコンパスを正しく調整し直さない限り、何度も何度もそこにたぐり寄せられてしまうからです。

マインドファックは〝古い〟考え方

「心の自己妨害」の根は非常に深く、頑固です。

この自己妨害は、二重の意味で「古い」といえます。

ひとつには、マインドファックは私たちの思春期の〝残りかす〟であるという意味で古く、もうひとつには、旧世代の考え方や信条に影響されているという意味でも古いのです。

今、私たちが考えることすべて――本当は捨ててしまいたい不要なものも含めてすべて――には、かつては意味がありました。

若い頃の私たち自身にとって、あるいは、私たちよりはるか昔の時代を生き、その考え方を次の世代へ、さらに私たちにまで伝えた人々にとっては、意味があったのです。

あの嫌なささやきも、かつては善意から出たものだったはずです。

ところが、今では意味を失い、わずらわしいお荷物にすぎません。

どうしてそうなってしまったのか、その理由は第3章で見ていきましょう。

いずれにしても、今日、私たちは刺激の多い新しい時代に生きています。私たちは21世紀を生きる大人です。ですから、自分にふさわしい情報を手に入れて前進し、幸せになりたいと願うなら、時代に合った、新しく力強い考え方を自分のものにするに越したことはありません。

きっと、古くて画像の粗い白黒テレビから、目にも鮮やかな3Dのカラーテレビに変えたような気分になるはずです。さらに第４章を読めば、新しい思考を身につけたいと思うに違いありません。

マインドファックを克服する難しさ

マインドファックを乗り越えるのはつらいことでしょうか？

それとも、楽しいことなのでしょうか？

実は、その両方です。障害を認めてそれを乗り越えるというのは、まぎれもなくひとつの冒険です。無意識のうちに頭の中で進行する思考パターンを解読するのも、刺激的に違いありません。ときに混乱が引き起こされることもありますが、必ず解放感をもたらしてくれます。

「どうしてこんなバカげた思考パターンに陥っていたのだろう？」

このように、あぜんとすることもあるかもしれません。

この冒険によって、かつてないほど深くあなた自身のことを知ることができるでしょう。

「本当の人生」を手に入れる

さて、次章からは、あなたの思考の知られざる深部をめぐる旅に出ます。

心の奥底を理解すれば、〝マインドファック〟という無用の戦術と、あなたの邪魔ばかりする思考パターンという闇に光をもたらし、今のあなたの人生と、あなたが本来持っている可能性との間を隔てているのがいったい何なのかを正確に知ることができるでしょう。

なぜ、自分で自分の邪魔をしてしまうのか、どうしたらマインドファックに歯止めをかけられるのかを学ぶこともできます。

さらに、あなただけの道を歩む手助けをしてくれる心のコンパスを調整する方法もわかるはずです。

障害物を取り除き、自分の思考を自由に、力強く活用することができれば、子どもの頃の集中力や好奇心と、大人としての自由や自己への信頼感とをうまく結びつけることができるはずです。妨害さえなくなれば、人生を満喫できるに違いありません。

そうなれば、喜びを味わえるばかりか、自由な気持ちで目標や夢を実現することができるでしょう。あなたの目指すものが幸せな恋愛であれ、ビジネスでの成功であれ、富を得ることや痩《や》せること、または有意義で楽しい仕事を見つけることであれ、まったく同じです。

自分で自分を妨げさえしなければ、私たちの学習能力も成長能力も、無限なのです。

この難問に立ち向かえば、あなたも本当の意味で人生を満喫し、潜在能力を思い切り開花させるチャンスを手に入れられます。

「かなえたい」と思っていることと、すでに手に入れているもの。その両者の間のギャップを、ついに埋めることができるのです。

霧が晴れ、視界が良好になるでしょう。

この冒険は、私たちの頭の中で始まり、やがて心地良い波となって人生全体へと広がっていきます。

気づいたときには、ずっとほしいと願っていた人生が自分のものになっていることでしょう。

第2章

Chapter2

7種類の
マインドファック

うまくいかない原因は自分の中にある

コーチングをしていると、物事がうまくいかない原因は周囲の状況にあるのではなく、むしろ本人にあるのだということがよくわかります。やりたいことははっきりしているのに、本人にも理解できない理由から、目標をとことん追求するのをやめてしまう人のいかに多いことか。将来の自分を思い描こうとするたび、いつも何かに妨害されると感じている人もいます。そのような人たちは「自分が何をしたいのかわからない」と言います。ところが、詳しく話を聞いてみると、自分が何をしたいのか、本当はよくわかっているのです。

コーチとしての私の仕事は、それぞれの心の中の〝境界線〟に沿ってクライアントを誘導し、心の奥底に到達させて、自分にとって何が大事なのかに気づかせることです。

この心の境界線について考察を重ねるうちに、私はそれが「禁止」「命令」「警告」から成り立っていることに気づきました。そして、通常コーチングではあまり話題にしないようなことをあえてクライアントに尋ねることによって、この境界と向き合おうとするようになりました。

その過程で、問題の中心に深く踏み込むような質問をすることもありました。

コーチングの世界では、この種の質問はタブーとされています。

コーチングは本来、クライアントが解決策を見出したり、前に進んだりする手助けをすることを目的としています。そんな中、問題を掘り下げるような質問をすると、クライアントを内面の葛藤から救い出すどころか、かえって葛藤に引き入れてしまうからです。

しかし、心の中の批判者の声として現れるこの内なる境界線は、人が目標を見つけ、それを達成することを妨げるので、自分を高めていこうとするときには深刻な障害になります。無視するだけではどうにもなりません。

私は、この境界がどんな要素でできているのか、そして、それを取り払うことはできないまでも、せめて押し戻すためにはどうすればいいのかを知りたいと思ったのです。

心のバリアから自由になるために

効果はすぐに現れました。境界そのものに疑問を投げかけ、それを取り除くことに成功すると、コーチングの効果がそれまでよりもはるかに長続きするようになったのです。

つまり、この境界線は、クライアントが新しい課題に取り組もう、新たな目標を目指そうとするたびに築かれるバリアだった、というわけです。

このバリアが、大きな変化を起こそうとするときに必要な勢い、言い換えれば、人生の理想的なスピードを生み出すのを邪魔していたのです。

私は、クライアントが心の中のバリアから自力で自由になるための原動力を見つけたいと思いました。コーチングを受けていないときでも、自分の力で希望や欲求を見つけ、目標達成のための手段や能力を手に入れられるようにしたかったのです。

しかし、そのためにはまず、いくつかの謎を解かねばなりませんでした。

私は、未知の大陸を発見した冒険者のつもりで課題に取り組もうと決めました。

そのためには、これまでに立てていた仮説を捨てて、先入観のない、好奇心に満ちたまなざしを取り戻すことが必要でした。私にはこれが、単に解決策を示すだけのやり方より、クライアントにとってより効果的だと確信していました。

解決策を示せば、確かに当初求めていた結果は出せるでしょう。しかし、問題の背後にある〝パターン〟を突き止めてそれを変えない限り、くりかえし新たな問題が出てくるからです。

「できるわけがない」の本当の意味

人生の展望をうまく描けないで困っているクライアントが、面談中に目を輝かせて目標を語ったかと思うと、すぐにまた、元のこわばった表情に戻ってしまうことがあります。

そんなとき、私はわざと話をさえぎって、次のような質問をします。

「今、何が頭をよぎりましたか？　目標について語るのを邪魔するのは何ですか？」

すると多くの場合、こんな答えが返ってきます。

「何もかも、ちっとも現実的ではないじゃないですか」

私は質問を続けます。たとえば、こんな具合です。

「なぜ、現実的ではないと思うのですか？」

すると、彼らは一瞬のうちに、自分自身に対してとても厳しく、高圧的になり、あたかも自分が人生のことを何もわかっていない無分別な子どもであるかのように話し始めます。

客観的に見れば控えめな目標でも、彼らはこんな言葉で自分をいさめます。

「私には向いていない」

「考えるだけムダだ」

「できるわけがない」

私が注意を引かれたのは、この「できるわけがない」という言葉が、まさに心の中で親が子どもをたしなめているかのように聞こえることでした。

実は、この言葉が示しているのは、「できるわけがない」のではなく、「してはならない」ということです。目標を持ってそれを実現することを、自分に禁じているのです。

このような質問を通して、私は人がどのような根拠で自分を妨害するかについての情報を集めていきました。すると、人生を良くしていくのを妨げる、頭の中のバリアの構造が見えてきたのです。

どうやら、頭の中のある部分が、大きすぎる期待や現実的でない考えを持つこと、または、自分で自分に許している範囲を越えて何かに没頭することから、自分を守ろうとしているかのように思われました。

人それぞれに「幸福ゾーン」が存在する？

つまり、心の中に〝番人〟がいて、私たちがそれぞれの幸せの境界線を越えないように警戒しているということなのでしょうか？

誰もが自分にとって快適な範囲、いわば「幸福ゾーン」を持っていて、その範囲を越えることは許されない、ということでしょうか。無意識のうちに、高く飛びすぎないように、うまくいきすぎることのないように、自分で自分を抑制しているとでもいうのでしょうか？

そうです。私はそのように考えています。

私たちはいつも、自分では気づかないうちにさまざまな手段を使って自分を抑制しています。コーチング界の伝説的存在で、元プロテニス選手のティモシー・ガルウェイはこう言いました。

「頭の中の敵は、ネットの反対側にいる敵よりも強い」

この言葉は、スポーツだけではなく、人生全般に当てはまります。

私たちはみな、頭の中の「内なる声」のせいで、自由に能力を発揮できずにいます。

ですから、この内なる境界――自らはまり込んでしまっている幸福ゾーンと、その小さな牢獄から逃げないように私たちを見張っている番人と向き合うべきなのです。

誰もがマインドファックを経験している

私は、コーチングと関係ない場面でも「心の自己妨害」について話すようになりました。他の人もそれに心当たりがあるかどうか知りたかったのです。

もしかしたら、マインドファックは、仕事やプライベートで危機に直面したときにのみ現れるせいで、コーチングの現場でとくに目立つのかもしれない、と考えたからです。

ところが、私が話をした人たちは、いずれもすぐに口を挟んできて、自分が「心の自己妨害」に遭った経験を勢い良く語ってくれました。

私の母はすぐさまこう答えました。

「心の自己妨害ですって？　それならよく知っているわ。アドバイスしてあげられるわよ」

そこで私は、こんな仮説を立てました。

「マインドファックは、飲食やケンカや恋愛の習慣と同様に、人の思考と行動の一部である」

誰もがその人なりの方法で、食べたり、飲んだり、愛したり、ケンカをしたりします。同じように、私たちは自分なりの方法で自分を妨害しているのではないか。そう考えたのです。

マインドファックが存在する理由

私には頭から離れない疑問がひとつありました。

コーチングでは、「人がする行為はどんなことであれ、過去のある時点では意味を持っていたはずだ」という前提から出発します。

つまり、この心の中の嫌なささやき声にも、存在する理由がどこかにあるはずなのです。

今から数千年前の時代を生きた哲学者アリストテレスも、「心が分裂しているような人がいる」と述べ、人々が葛藤を抱えていたことを指摘しています。

その当時から、人は自分自身の「友人」ではなく、「敵」になることがあったのです。

本当に人と親しくなるためには、まず自分自身と親しくならなければなりません。

ところが、それを妨げるのが私たちの「内なる番人」です。

私たちの心の声が敵のような態度をとるとき、そこにはどんな意味があるのでしょうか。「内なる番人」は、何がしたいのでしょう。私たちの思考の中で、この番人はどんな役割を果たしているのでしょうか。何を見張り、何を守っているのでしょう。

もしかして、その役目は進化の過程に由来するのでしょうか。番人の警告や禁止、命令は、私たちの身の安全と関わりがあるのでしょうか。

たとえそうだとしても、この番人が私たちを不必要に制限してばかりいるというのは、どこかつじつまが合いません。探究はますます興味深いものとなっていきました。

状況に左右されるマインドファック

さらに観察を続けていくと、マインドファックはいつでもどこでも起きるわけではなく、ある特定の状況下、あるいは、ある特定の人がいるときにだけ起こることがわかってきました。どうやら、「内なる番人」を呼び出す〝きっかけ〟が何かあるらしいのです。赤い非常ボタンのようなトリガーが頭の中にあって、それが引かれると思考に霧がかかったようになってしまう、というわけです。

最もマインドファックが起こりやすいのは、「自分自身」「自分の周囲の状況」「他者との関係」にまつわる状況です。ひとりで自分や人生について考えているときのこともあれば、ある特定の人を相手にしているときのこともあります。親戚、上司、顧客、さらには恋人が、私たちの心にマインドファックを引き起こし、不必要な緊張のきっかけになることもあります。

たとえば、ある優れた女性バイオリニストは、聴衆の中に白髪まじりの紳士がいるのを見た途端、演奏を続けられなくなってしまったそうです。そのとき彼女は、こう考えてしまったのです。

（どうせ私は何もできない。みんな、私が見かけ倒しだと気づくだろう）

特定のテーマが出てくるとマインドファックに陥るという人たちもいます。

たとえばテーマがお金やキャリアのことになると、いつも自分を妨害してしまう人。彼らは心の深いところで、「自分には成功する値打ちなんてない」と思い込んでいるのです。

私は心の中の境界線について、もっと徹底的に調べ、その構造や、自分を妨害するときにどんな言葉が使われるのかを知りたい、と考えました。

可能性へ通じる扉を「あってはならない」「うまくいかない」「現実的じゃない」などの思考や言葉で閉ざしてしまうバリアがどこにあるのか、見きわめたいと思ったのです。

バリアの向こうに潜むもの

やがて、心のバリアを築いている思い込みの1つひとつは、氷山の一角にすぎないということがわかってきました。その下には、しっかりとした〝信念体系〟が隠れているのです。

「自分はそこそこの成功や充足にも値しない」と信じ切っている人の場合、そこには、前提となる考え方がいくつも存在します。

たとえば、「成功や充足を手に入れるためには、満たすべき基準がある」という考え方。その幸運にふさわしい人とふさわしくない人がいる、という考え方です。

そこにどんな基準を設けるかは、私たちが生きている時代や文化に大きく依存しています。

何百年も前の人々は、成功して幸せになるか否かは神さまが決めることだと信じていました。成功など偶然にすぎないと思っている人もいれば、いいコネがあるかどうかの問題だと思っている人もいます。また、成功は悪党である証拠にすぎない、悪い人や利己的な人でなければこの世での成功は得られない、と考える人もいます。

西欧の文化圏では、多くの人が、成功と充足の「権利」を得るためには、絶え間なく働き、常に完璧な仕事をしなければならないと考えています。

このように、ひとつの思い込みの背後には、たくさんの確信や前提が潜んでいるのです。

思い込みの背後にある世界

私たちを制約する思い込みの背後にある思考の世界は、まるで、細かく網状に張りめぐらされた植物の根のよう。過去に深く根を伸ばし、人格のさまざまな面に入り込んでいます。人が実際に口にする言葉は、ある程度トーンをやわらげていることが多いので、実際のところどう考えているのかは、外からはすぐにはわかりません。

思い込みをひとつ切り離すだけでは、邪魔な枝を1本切るのと同じで、網状の根全体には何の変化もないのです。意識的かどうかにかかわらず、私たちはいつも自分の信念と外の世界の現実とをすり合わせて安心感を得ようとしているため、自分の考えの裏づけとなるものを何度でも見つけ出します。

脳科学者のゲラルト・ヒューターによると、私たちはみんな「レーダー」のようなものを持っていて、自分の世界観と一致するもの、または一致しないものを探して、周囲を走査しているのだといいます。そうやって、心の奥で信じていることに合うものを外の世界でも見つけ出してきては、信念を強固にしていくのです。

極端な思考

マインドファックモードに切り替わった人は、言葉遣いや声の調子がはっきりと変わります。大げさな話し方をし始め、考え方も極端になり、現実にそぐわないことを言い出します。そうやって、「ただの仕事上のトラブル」を「人生の終わり」にし、「ちょっとした失敗」を「大惨事」に変えてしまうのです。

マインドファックは、実に極端で高圧的です。実際の経験とはかけ離れたところから処世訓を導き出してきて、それに従わなくてはならないと決めつけ、自分自身に対して、まるで子どもに向かって話すように言い聞かせます。

「しなければならない」「いつでも」「絶対に」などの言葉も、マインドファックの特徴です。「お前は～しなければならない」「絶対に～してはならない」「いつでも～であるべきだ」というような調子です。

現代を生きる私たちの頭の中には、いまだに権威主義的な考え方が存在し、容赦ない独裁が行われているのです。

抑鬱的な例と攻撃的な例

私はさらに、「内なる番人」とその言葉についての情報を集めました。

クライアントを見ていて気づいたのは、くりかえし現れる主張に、大きく分けて2つのパターンがあるということです。

一方の主張は、抑鬱的（落ち込みやすい状態）で愚痴っぽく、自分のことも可能性もすべてあきらめているかのような調子で語られ、もう一方は、せっかちで批判的な、あるいは過剰に励ますような……いわば自分の「尻を叩く」ような調子で語られます。

私たちの可能性へと続く門を見張る番人は、落ち込みがちなトーンと攻撃的なトーンの2つの声を持っています。どちらの声も私たちを弱らせ、潜在能力を発揮するのを妨げます。ムチの効き目もわずかの間で、長期的に見れば、役に立つよりむしろダメージを与えてしまいます。

私たちの心を惑わす妨害的な思考パターン

妨害的な思考パターンは、私たちの気分にまで影響を及ぼし、生活の質を大きく変えてしまいます。習慣化したマインドファックは、私たちの心の中に、不安、羞恥心、負い目、またはある種の高揚感、さらには誇大妄想を生じさせ、誤った支配と従属の関係をもたらします。すると、私たちは体をこわばらせて縮こまり、自分をののしったり、攻撃的な態度をとったりするようになります。どれも、本来持っているはずの能力や楽しみを遠ざける行為ばかり。スポーツの最中にこの状態になると、見当外れのところへ球を打ったり、早々に勝ちをあきらめたり、反則で退場させられたりする結果になります。

マインドファックはストレスを生む

「妨害的な思考を無視したら、いったいどんな結果になると思いますか」

私がクライアントにこんなふうに尋ねると、ほとんどの人がこのように答えました。

「安心感がなくなります」

「自分の生活や仕事に対するコントロールを失ってしまいます」

つまり、多くの人は、安心感やコントロールを失うことへの不安から、自分の明晰な思考力よりもマインドファックのほうを信じるようになっていたのです。

私はこのしくみをさらに詳しく観察しました。マインドファックモードに切り替わったとき、クライアントは気分が変わるだけでなく、話し方そのものも大きく変わりました。呼吸が速くなり、声のトーンは明らかに高く（または低く）なります。姿勢にも変化が見られました。体をまっすぐに起こすこともあれば、力なくうずくまることもあります。エネルギーレベルも、突然上がったり、下がったり……。

これらはすべて、ストレスによって起こる身体の変化です。

人はストレスを感じると、逃避する、攻撃する、死んだふりをする、無力を装う、助けを求めるなどの手段に走ります。コーチングの中で気づいたのは、コーチがクライアントの心のバリアに触れる時間が長ければ長いほど、クライアントのストレスが高まる、ということです。

私が質問を中断したり、話題を変えたり、クライアントのマインドファックを「理性的な意見」と認めたりすると、ストレスはやわらぎました。

クライアントたちは、普段の生活の中でも、これと同じパターンを経験していました。妨害的な考えが浮かび、それとともに「内なる番人」が活発に動き始めると、抵抗をあきらめ、マインドファックの指示に従うまで、心が穏やかにならないのです。つまり、「内なる番人」は、私たちが心のバリアに触れるのをやめない限り、沈黙しないらしいのです。

ですから、マインドファックについての私のひとつめの結論は、これです。

「マインドファックはストレスを生み出し、私たちが潜在能力を発揮するのを妨害する」

この妨害的な思考が習慣化されると、生活の質や健康までもが大きく損なわれてしまいます。

自分をどのように条件づけるか

心の自己妨害には、自己条件づけと同じような作用があります。「条件づけ」という言葉は、動物行動学の文脈で聞いたことがある人も多いのではないでしょうか。

ガラス箱の中でノミを飼育すると、ノミはやがてガラスの天井にぶつからない高さまでしか跳ばなくなります。そして、それに慣れてしまうと、ガラスの天井がなくなったときでもノミの行動は変わりません。このノミと同じように、私たちも痛みや不安、羞恥心や罪悪感によって自分や周囲の人を条件づけることがあります。

「ここを越えると嫌な思いをする」という境界線があれば、私たちは自然と、それを越えるのを避けるようになります。「内なる番人」は、私たちを常に箱の中に閉じ込めておこうとがんばる必要はありません。過去の嫌な経験さえあれば、私たちのほうが自然と引き下がるようになるのですから。その境界線を越えようとすると、ストレスを感じて気分が悪くなってしまうので、境界の内側で「いつものやり方」を続けようとするのです。

ですから、本当に変わりたい、自分でつくったバリアを越えたいと思うのなら、マインドファックと向き合わなければなりません。

嫌な気持ちになったり、不快な考えが浮かんだりしても、それは間違った方向に進んでいるサインではありません。あなたが本気で変わろうとしている証です。

さて、マインドファックについての重要な情報が集まってきました。私たちの頭の中のパラレルワールドは、あるルールに従っています。そのルールを振り返ってみましょう。

・マインドファックは、誰でも身に覚えがある。私たちが昔から持つ思考パターンの一部であり、過去には意味を持っていた時期もあった。
・心のバリアによって遮断されている内面的な領域があるようだ。
・「心の中の声」という番人（＝内なる番人）が、この境界線を守っている。
・番人は境界線を守るために、禁止、命令、警告を用いる。
・マインドファックには独自の言語、独自の論理があり、極端なことを好む。そこには抑鬱的な方向性と攻撃的な方向性がある。
・マインドファックは、「従わなければ危険だ」と警告してくる。
・マインドファックはストレスを生み出す。そのストレスは命令に従うまで続く。こうして私たちは自分を条件づけ、境界を越えないことを学ぶ。

・思い込みはマインドファックという巨大な氷山の一角にすぎない。その下にはしっかりとした信念体系がある。ひとつの思い込みを排除しても、根のように張りめぐらされた信念体系は無傷である。

次に私は、「内なる番人」の主張のパターンとルール、さらに、警告、命令、そして禁止の仕方について、さらに詳しく見ていくことにしました。思考や主張にパターンがあるのかどうかを知りたかったからです。

7種類のマインドファック

そして、自己妨害的思考には、独自の論理を持つ7つの基本パターンがあることに気づきました。これらのパターンが形成した、自分自身、他人、人生についての「思い込み」が、私たちの内なる「指針」となります。私たちは、痛みや不安を避けるためにその指針に従います。心の中の番人は、この7つのパターンに従うよう、私たちに言い聞かせます。

1. 破滅型マインドファック：自分を不安にさせる
2. 自己否定型マインドファック：自分より他の人のことを優先させる

3. 強制型マインドファック：自分や周囲の人に圧力を加える
4. 評価型マインドファック：自分や周囲の人を批評する（完全主義、知ったかぶり、愚痴っぽさもこれに含まれる）
5. ルール型マインドファック：厳格で独断的、時代遅れのルールを守らせる
6. 不信型マインドファック：自分や周囲の人を常に疑う
7. 過剰モチベーション型マインドファック：極端なポジティブ思考に駆り立てる

ここからは、これら7つの考え方のパターンについて見ていきましょう。

一見するとそれぞれ大きく異なるように思えますが、どれも同じ言葉を話し、全体でひとつの使命を果たします。7つすべてが一緒になってひとつの思考世界を形成し、それが心の自己妨害の原因につながります。それがわかれば、マインドファックに対抗することができます。

ちょっと見た感じではマインドファックはとても強力に思えますが、実際には、頭の中にある、古びてもろくなった足場のようなものにすぎません。

ほんの少し衝撃を加えるだけで崩壊してしまいます。これがなくなれば、心の中は再びさわやかで心地良い空気に満たされ、新たなスタートを切ることができるはずです。

1 破滅型マインドファック

小さなことを大げさに考える

破滅型マインドファックは、「この先、不愉快なことやひどいことが起こる」という前提に基づく思考パターンです。この考え方は現実を理性的に認識するのをことごとく拒否します。些細なことを大げさに言って、害のない小さな変化もすべて災難の前兆と見なすのです。

ここで特徴的なのは、存在に関わる不安感です。この思考パターンに陥っている人は、自分の存在は何者かに脅かされていて、いつ何時不幸が襲ってくるかもしれないと思っています。

コーチングをしていると、今の自分の状況に不満を抱いていて、方向転換をしたいと思っているクライアントと話しているときに、よくこの思考パターンに遭遇します。

彼らの多くは、もう何年もマインドファックのループの中にいて、自分で自分を不安にさせることで、活動できなくなっています。

そうなると、きわめて優秀なマネージャーでさえこんなふうに言います。「今、この仕事を辞めたら、二度と仕事が見つからないかもしれない。仕事が見つからなければもう終わりだ」

そう、〝仕事で新たな方向を模索する〟という単なる課題も、破滅型マインドファックの手にかかれば、〝破滅へのシナリオ〟に姿を変えてしまうのです。このようなタイプの自己妨害が、どんな心の持ち方につながるかは明らかでしょう。臆病になり、縮こまってしまうのです。

私生活でも、破滅型マインドファックはいたるところに現れます。

ある40代の女性は、結婚生活に長らく不満を抱いていましたが、離婚したら「きっとひとりで死んでいくことになる」と言いました。子どもたちは絶対に自分を許さないだろうし、自分は二度と幸せになれないだろうというのです。

眠れないときの思考

多くの人が、夜眠れないときにこの破滅型マインドファックを経験しています。

何もかもうまくいかなかったら、仕事のプロジェクトが失敗したら、恋愛関係が壊れたら、あの人が亡くなったら、自分が重い病気にかかったらどうなるんだろう……とあれこれ思い悩んだ経験は、誰にでもあるでしょう。どんな小さな痛みも重病のサインと見なすのも、この思考の例のひとつです。

もっと極端な形で現れるものもあります。

過去の恐怖や、以前他の人の身に起こった不幸が、もしかしたら——いや、十中八九——自分の身にも起こるだろうと考えてしまうのです。

その苦悩がすでに自分に降りかかっているかのように感じたり、すぐ目の前に迫っていて避けられないと考えたりすることさえあります。

このような思考習慣は、非常に強い力を持っています。破滅型マインドファックは、信頼や勇気、積極性が必要なときに、人を不安に陥れ、無気力にし、受け身にします。その結果、自分で自分の人生に大きな制約を課してしまうのです。

前世紀のなごり

私の観察によれば、破滅型マインドファックの恐怖のシナリオにとらわれやすいのは、過去の戦争で人一倍つらい思いを経験した家族がいる人です。

難民や、爆撃の被害者、またはナチスによる迫害を受けた人の子や孫は、他の人よりも、小さな危険の徴候を過剰に大きくしてしまう傾向があります。その結果、いつも不安や恐怖、不信につきまとわれています。

第2次世界大戦が終わってから20〜30年後に生まれた人のコーチングをしたことがありますが、実際に戦争を経験していない世代であるにもかかわらず、戦争や経済破綻が起こったときに自給自足できるよう、農場を経営したいという人がいました。

ドイツで再び右派が台頭したらすぐにアメリカへ亡命できるよう、できるだけ早くアメリカのビザを手に入れたいという人もいました。

また、きっと訪れるであろう貧困生活に備えて、自分の子どもを極端に厳しく育てている人もいます。戦争や困窮がすでに過去のものとなった地域の人でさえ、その心にはまだくっきりと前世紀の不幸の跡が残っているのです。

けれど、彼らの考える因果の構造は、現在の世界では何の根拠もありません。

たとえ歴史に根があるとしても、最悪のことばかり考える習慣のせいで臆病になるのはいいことではありません。

臆病になると、自分を過小評価してばかりで、人生を思い切り生きることのないまま、ただただ用心ばかりしてすごすことになります。それでは、新たな経験をしたり、学んだり、成長したりすることもできず、不安のない人生を生きるチャンスを逃すことになります。

破滅型マインドファックから逃れることができれば、私たちは勇気と自信を持って自分の課題を理解し、乗り越えることができるようになるでしょう。

2 自己否定型マインドファック

「自分は最後」という考え方

「他の人がみんな幸せになって、初めて自分も幸せになれる」という信念のもと、自分自身の関心事や欲求を後回しにしなければならないと考えていると、このタイプの自己妨害に苦しむことになります。

この考え方は、とくに「世の中のことをよく考えている」タイプの人に悪影響を及ぼします。

私のクライアントの中にも、まずは子どもたちの関心事、それから配偶者、自分の両親と義父母、そして雇用主の関心事がすべて実現してから、ようやく自分の欲求について考えられる、という意見の人たちがいました。そういう人たちは、ずっと嫌だった仕事を辞めたいとか、将来の見込みがない関係を終わらせたいと思っているのに、「上司やパートナーにそんなことをするわけにはいかない」という、自己否定的な考えから生じた間違った忠誠心に縛られていることがよくありました。

私がこれまでに目にした中で最も激しい自己否定の例を紹介しましょう。

最初に会ったとき、その男性は、アフリカで子どもたちが飢え、気候温暖化が進行している限り、自分も幸せな人生を手に入れる資格はないと考えていました。彼は、資源消費を少なくし、自然や環境に負荷をかけないようにすべきだという考えに取り憑《つ》かれ、自身の欲求を極端に否定するまでになっていたのです。私は彼に、その考えを最後まで突きつめてみましょうと言いました。

突きつめて考えると、「可能な限り負荷をかけない」ための一番の方法は何か？

彼は考え込み、しばらくしてからようやく、少し解放されたように笑って言いました。

「それなら本来、私は存在してはならないはずです。そんなの、もちろんナンセンスですね」

深層心理にどのような理由があるにせよ、この考え方は、破壊的なマインドファックという〝毒物棚〟に分類されるべきものです。間違った気配りで自分を一番後ろに据えるという行為は、これを見分ける手がかりになります。

みんなに気に入られたい

女性に多く見られる自己否定型マインドファックのひとつが、「みんなに気に入られたい」という思いです。たとえばこれは、腹を立てているのに黙っているときに現れます。あるいは、自分も休息や助けが必要なのに、他の人のために仕事を片づけるときもそうです。

多くの女性が、他の人に親切にすることで、自分のために何かをすることや、自分の人生を自分でコントロールすることができなくなっています。

この問題に悩む女性（たまに男性も）には、「真っ先に自分のやりたいことをするとしたら、何をするか考えてください」と、粘り強く求めるようにしています。そうすると、多くの人が衝撃を受けます。最初は拒否反応を示し、自己否定的思考に特有の発言をする人もいます。

「みんなが真っ先に自分のことを考えるようになったら、私たちはどうなるんでしょう？」

私の答えは、これです。

「自分を妨害せずに済むばかりか、自分にも他の人にも幸せをもたらせるかもしれませんよ」

自己否定モードのとき、私たちは、自分が犠牲にならなかったら、自分や周囲の人に悪いことが起こるかもしれないと恐れています。相手に不快な印象を与えるかもしれない、敵と見なされるかもしれない、嫌われるかもしれない、耐えがたい逆風を受けるかもしれない……。

こうして、自己否定型マインドファックが「今、本当の意見を言うと、ひどく後悔することになるに違いない」という破滅型マインドファックと結びつくこともあります。

不快な感情に対する不安から、あるいはケンカになるのではないかという不安から摩擦を避けていると、残念ながら、怒られないように大人の前で縮こまる子どものような、無力な立場に追いやられてしまいます。その結果、悲しいことに、ほしいものが得られないか、たまたま自分のところに落ちてくるものしか手に入らないことになります。例を見てみましょう。

会議で発言できなかった女性記者

ビルギット・Kさんは経験豊富な記者ですが、しばらく前から仕事で行き詰まりを感じていました。Kさんは、かつては数々のトップニュースをものにしていました。

信頼して話せる仲の良い同僚は、編集会議でもっと自己主張するよう彼女にアドバイスしました。「もっと自分を売り込まなくちゃ。会議で何も発言しないだろう。それじゃあ、君が何でもできるってことは誰にもわからないよ」

そこでKさんは、次の会議では黙って座っているだけでなく、自分の力をみんなに示そう、アイデアはたくさんあるのだから、と心に決めました。

次の会議に出席したとき、彼女はいつになく興奮していました。

(今日は何かいい考えを出さなくては)

口の中がカラカラです。

(こんなに緊張しているなんて。どうか、誰にも気づかれませんように)

編集長の言葉に注意深く耳を傾けているうちに、Kさんは良いアイデアがひらめきました。

脈が速まります。今こそ発言のチャンスです!

ところがKさんは発言せず、それが本当に良いアイデアなのかどうか、いったん考えることにしました。そして自分で反論を始めます。

（どのアイデアも、ちょっと単純すぎるんじゃないかしら？　ううん、それどころか的外れかも。考え直してよかった。もし発言していたら、ひどい笑いものになっていたかもしれない）

結局彼女は何も言わず、別の同僚が発言します。Kさんは緊張のあまり顔を赤くしています。

（こんなに緊張していることに誰も気づいていないだろうか？　気づかれていたら嫌だな）

それから、別の興味深いテーマが話題にのぼりました。

Kさんにはすぐに良いアイデアが浮かびました。彼女は心の中で考えます。

（今度こそ、本当に発言しなくちゃ）

彼女はそのテーマをどうしても担当したいと思いました。Kさんがこのテーマに詳しいということは、誰も知りません。ところが、彼女はまたしても一瞬ためらいます。

（この提案をしたら、ひょっとして誰かが気を悪くするだろうか？　もしかしたらFさんもこのテーマをやりたいかもしれない。今にも手を挙げたそうに見える。Fさんは口が悪いし、彼女とトラブルを起こしたくない）

そして実際、Fさんが手を挙げてこのテーマをさらっていきます。また、何も言えませんでした。Kさんは残りの時間、そのテーマを担当できなかったことに腹を立ててすごします。

（あれはまさに私のためのテーマだったのに。どうして何も言わなかったんだろう……。また、口を閉ざしてしまうなんて！）

こうして自分に対して恨み言を言ううちに、最後の15分が過ぎ、編集長が残っていた最後のテーマを彼女に割り振りました。

編集長は、部屋を出るときにKさんに「大丈夫かい？」と尋ねました。彼女はひきつった笑みを浮かべて、「大丈夫です」と答えた後、肩をすくめながら自分の部屋に戻りました。

それでもたいした成果だったと自分に言い聞かせ、近くのカフェに行きました。

（今日はもう、これで十分よ……）

顔を上げて進む

この例から学べるのは、「人生という〝冒険〟は、良いときも悪いときも、がんばり抜く覚悟を決めたときに初めて始まる」ということです。摩擦が起こることも、敗北に甘んじなければならないこともあるでしょう。だからこそ、どんなときにも顔を上げて前に進む力、自信を持って摩擦と向かい合う力を身につけ、その力を自分のために使うことが大切です。

自己否定型マインドファックを乗り越えれば、私たちの前には無限の可能性が開けるのです。

3 強制型マインドファック

自分に強く圧力をかける

強制型マインドファックは、自己妨害の中でも最悪のものと言えるでしょう。その強さの程度には〝普通〟から〝苛烈〟まであり、まるで恐喝者か奴隷監督のように働きます。

このモードになると、「内なる番人」が「～しなければお仕置きだ」と言い始めます。「今、役に立たなければお前は無能だ。うまくできないならさっさと家に帰れ。これをやり遂げなければお前のせいで他の人が苦しむことになる。このチャンスを活かさなければ、もう二度とチャンスは来ない」

この種の強制は、残念ながら誰の頭の中でもよく起こります。これをくりかえしているのは、おそらく私がコーチングをしている人たちばかりではありません。

私の見解では、強制型マインドファックは、ネガティブな心の習慣のひとつであり、現代社会に蔓延している「燃え尽き症候群」の大きな原因でもあります。

私も経営コンサルタントとして働いていた時期は、すでに限界を越えていたのにもかかわらず、毎日自分に強い圧力をかけて、ただひたすら業績を上げることだけを目指していました。

2カ所の椎間板《ついかんばん》ヘルニアで倒れて数カ月間まったく働けなくなるまで、強制的なマインドファックに従い、自分を脅し、ののしり、圧力をかけ続けていたのです。

当時の経験のおかげで、この問題で私のオフィスを訪れる人の気持ちがよくわかります。

私たちは、なぜなのかよくわからないまま、自分に圧力をかけてしまうことがあります。

本当は待つべき場面でやみくもに行動し、せっかちにあくせく働いたりもします。

「これまでの行動パターンが、もう自分には合っていないのかもしれない」

そんな疑問を抱く間もなく、強制型マインドファックが思考を支配してしまうからです。

今日、私はコーチとして、「燃え尽き症候群」の予防に努め、燃え尽きを経験した人のアフターケアを行っています。

「いいかげん正しく尻を叩いてくれる人」を探していると電話をかけてくる相談希望者には、すでに「燃え尽き症候群」の徴候が現れています。

彼らの内なる番人自身が受話器を握っているかのように聞こえることもあります。その声は厳しく、呼吸は浅く、まるで、自分自身の「怠惰」や「能力のなさ」に怒っているようです。

圧力をかけすぎても幸せは得られない

クライアントが自分を攻撃するような話し方をする場合、私は即座に、本当の問題は何か、考えます。心の弱さでしょうか、それとも、それを克服したいという心でしょうか？

大切なのは、どんな思考や行動が障壁となっているのかを突き止めることです。

決して、負けると決まっている戦いを挑むことではありません。

「心の弱さを克服したい」という人は大勢います。

たとえば、ある女性が、「結婚式までに10キロ痩せる」という目標を立てたとしましょう。

彼女の中には、こんな強制型マインドファックが存在します。

「結婚式の写真で太っているなんて許せない」

彼女は、減量という目標を大切なイベントと結びつけることで圧力を強め、目標を確実に達成しようと考えているわけです。

けれど、それは大きな間違いです。

過度な圧力、または充足感の欠如は、自分を妨害する習慣につながります。

「間もなく結婚式」という負荷がかかっている花嫁にさらに圧力をかけるというのは、爆発寸前の圧力鍋をさらに加熱するようなもの。

強い圧力とのバランスをとるために、かえって不健康な食生活をしてしまうかもしれません。

心の弱さを克服するつもりが、かえって弱さを助長してしまうことになるのです。

自分に余計な圧力をかけるのをやめて、人生の充実感を高めることのほうに力を注げば、不安になったり恐れたりすることなく、有能な大人として目標に近づくことができます。

心に圧力をかけ、自分を脅迫することで前に進もうとする人もいますが、その方法は正しいものではありません。

多くの専門家が指摘しているように、何をするときでも、喜び、楽しみ、人との交流など、ポジティブな体験のほうがはるかに助けになるのです。

さて、ここでもうひとつ結論を出しましょう。

「自分に対してむやみに圧力をかけると、自分の幸福ゾーンの番人が立ちはだかる」

これを忘れず、必要なときには第4章で紹介するツールを使ってみてください。

多くの場合、強制型マインドファックは、その存在に気づくだけで止めることができます。

4 評価型マインドファック

他人と自分を比較したがる

このタイプの自己妨害になじみがある、という人は多いでしょう。完全主義、知ったかぶり、終わりのない愚痴の背後にあるのが、評価型マインドファックです。

「内なる番人」は、私たちに、世の中がどのような構造をしているか、そこでいいポジションにつくにはどうすべきかを教えようとします。その結果、私たちは、常に目標と現状、理想と現実を比較するようになります。

また、他人と自分のことも比較します。評価型マインドファックには、自分自身や周囲の人々、あるいは状況を、上か下か、正しいか間違っているか、いいか悪いか、専門的かそうでないかなどに分類しようとする傾向があります。

本人にとってうれしい結果が出ることもありますが、たいていの場合は喜ばしくない結果になります。この厄介な思考パターンにとらわれると、人生の喜びが大きく減ってしまいます。

〝実際にある〟ものではなく〝あるべき〟ものにエネルギーを奪われるという点も、大きな問題です。周囲を見回して次から次へと評価しても、結局はどこにも到達できません。

自らストレスを招き、ひたすら回し車を回すハムスターのような気分になってくるでしょう。

また、評価自体が現実に則していないことも多いのです。

にもかかわらず、このマインドファックにとらわれる人があまりにも多いので、私は、この思考が「内なる番人」にどんな影響を与えるのかという疑問を抱きました。

まるで、評価することによって、社会における自分の価値や居場所を決めようとしているかのようにも見えます。もしかすると、評価型マインドファックは、今の自分を他人や目標と比較することによって、社会的に位置づけるためのもの、自己認識のためのものなのかもしれません。

けれど、この思考パターンにより、自分はこの位置にいるべきという理想のポジションが定められるとしたらどうでしょう？　自分への期待が大きすぎても大変ですが、過小評価しすぎても、何も達成できなくなってしまいます。

他人の学歴を気にする男性

数年前、私はあるコンサルタント会社で、将来のマネージャーを選ぶ手伝いをしました。そこで多くの優秀な人と会って気づいたのは、男性よりも女性のほうが自己評価が低いということです。

けれど、面接で「私にはまだ学ぶべきことがたくさんあるので、まずは少ない給与でいいです」と言った女性たちこそが、実はそこまでの選考でとくに優秀な成績を収めていたのです。自己評価の低い人は、自分にも他人にもハードルを高く設定しがちです。自分を過小評価しがちな人は、評価型マインドファックの観点から自分自身を見つめ直すと、自分にも周囲にも実現不可能な要求をしていたと気づき、「なるほど！」と納得することが多いでしょう。

もちろん、能力に対する基準が必要ないというわけではありません。ただ、自分に過剰な圧力を加えたり、自分を制限したり、他者との関係を壊したりするレベルになってはいけません。

会った人すべてを「大卒」と「高卒」に分類する男性のコーチングをしたことがあります。彼は高卒の人と決して関わろうとはしませんでした。

そして、自分の新しい上司が大学教育を受けていない、いわゆる「たたきあげ」だと知り、この上司をどうしても信用できなくて、コーチングにやってきたのです。

ちなみに、これと同じ現象は反対の立場でも起こります。大卒の人と一緒に仕事をすることに困難を感じていた職人の相談に乗ったこともあります。彼は、大卒はみんな「高慢で、くだらないおしゃべりばかりする人」だと思っていて、大卒の発注者たちといさかいをくりかえしていました。男か女か、高齢か若いか、大卒か高卒か……ビジネスの世界でもプライベートでも、頑なな評価型マインドファックのせいで、多くの人が自分を妨害しています。

「知ったかぶり」は不安の裏返し

評価型マインドファックが過剰に働くと、自分にも他の人にも知ったかぶりで命令する傾向が出てきます。「自分のほうがよく知っている」という態度は、知識が多いか少ないかを絶えず比較することからきています。「内なる番人」が知ったかぶりのスイッチを入れると、その人は、他の人を蹴落として、自分がより高い位置にいることを示そうとします。

けれど、たいていの場合、その背後にあるのは、自分は人より劣っているのではないか、そのために拒絶されたり、軽視されたりするのではないか、という不安なのです。

完全主義と知ったかぶりが結びつき、自分に圧力をかけ、周囲の人と良好な関係を築くのを妨げることもあります。一度評価型マインドファックに陥ると周囲の人と競争せずにはいられなくなり、誰かに弱みを見せることもその状態から抜け出すことも難しくなってしまいます。

評価の下降スパイラル

「完全主義」と「知ったかぶり」は評価型思考パターンの攻撃的なバリエーションですが、「愚痴」を言うのは気分を落ち込ませるバリエーションです。

理想と現実を比較して、結果が悪いと、人は愚痴を言います。愚痴には完全主義よりもはっきりと表に出やすいという特徴があり、他のタイプの評価型マインドファックと同じく、自分や周囲の人の気力を奪ったり、あるいは逆に活動的にさせたりする作用を持っています。際限なくくどくどと愚痴を言っていると、心の中に、反対のマインドファックが呼び起こされます。それが、後で詳しく見ていく過剰モチベーション型マインドファックです。

このタイプの自己妨害が起こると、ちょっと前まで愚痴を言っていたのに、急に「全力を尽くせ！」と自分を励ましたり、物事を無理やり楽観的にとらえたりするようになります。

しかし、両者は同じコインの表裏。結局は、自分でつくった基準につまずくことになるでしょう。愚痴を言うとエネルギーを消耗し、空虚な気分になります。何かと比較して一喜一憂していては、生活の質を高めることも、潜在能力を発揮することもできません。

クライアントを見ていてわかったのは、評価型マインドファックから解放されると、生活における充実感も、仕事のパフォーマンスもぐんと高まるということです。

結局のところ、前進するときに大切なのは、評価や比較ではなく、集中力と注意深さなのです。また、「評価しない」ことを心がけると、人との関係もうまくいき始めます。

厳しく評価されることの多い社会の中で、評価しようとしない人と出会えることほどうれしいことはありません。すぐに信頼が生まれ、それを基盤に良い関係を築けるでしょう。

5 ルール型マインドファック

無理やり周囲の人を従わせる

ルール型マインドファックとは、「物事はこうあるべきで、それ以外はあり得ない」という考え方です。この形の自己妨害では、「内なる番人」がルールを設定し、それを守っているときだけが安全なのだと私たちに思い込ませます。そのルールが理にかなっているか、それともひどく主観的か、時代に則しているか、あるいは明らかに時代遅れかは問題ではありません。

この思考パターンは、最悪の場合、自分自身も周囲の人も従わせようとする、一種の恐怖政治につながります。


「彼が私を本当に愛しているなら、毎日、何度も電話をかけてくれる」

「彼女がぼくを尊敬しているなら、時間通りに来てくれるに違いない」

「私を好きなら、いつでもどこでも私の話を聞いてくれるはず」

「AならB」というフレーズは、強制型マインドファックの場合と同じく、ルール型マインドファックにもよく現れます。

この思考パターンは、周囲の人を束縛するだけでなく、ルールを課した本人の中にも、「ルールを守れないのではないか」という不安を呼び起こします。

ルールを守れないと人は失望しますが、失望するのは当然の流れでしょう。

なぜなら〝ルール〟が機能するのは、それを多くの人が共有し、受け入れるときだけだからです。

けれど、今日、大多数の人が受け入れているルールなどあるでしょうか？

歩行者は赤信号では道路を渡らない？　遅刻しない？　どちらも厳密に守られてはいません。

頑なに守られているルールなど、今では――少なくとも、私たちの文化圏には――ほとんどありません。もしかすると、ルールのもととなっている情報が時代遅れになっているからかもしれません。

思い込みが自分を縛る

「昇進は上司から話があったときしかできない」と固く思い込んでいるせいで出世できない人のコーチングをしたことがあります。

自分から昇進の話を切り出すのは、相手に良い印象を与えないし、「そんなことはするものではない」というのです。これは、お金も時間も奪う、大きな誤解です。

同じように、「少なくとも2年間は同じポジションで辛抱しなければならない」とか、「この職業はお金にならない」といった先入観を持っている人もいます。

そこで、芸術のような「お金にならない」と思われている仕事で大金を稼いでいる人の例を思い浮かべてくださいと言うと、別のマインドファックが現れます。

それは、自己過小評価、自己否定、または、「目標を達成しようとしたら、ひどいことが起こる」という根拠のない不安のこともあります。

そう、自己妨害は、悪循環を生むのです。

かつてコーチングをした企業コンサルタントの男性は、何があっても1日12〜14時間は働かなくてはならないと固く信じていました。

彼は、自分の会社という狭い範囲でのルールが、世間一般でも通用するルールだと思い込んでいたのです。よく考えてみれば、彼より働く時間が短くて、かつ成功している人がいることもわかってはいたのですが、それでも、そう思い込んでいました。

ある女性は、「女はほしいものをはっきり言わないほうが多くを手に入れられる」と固く信じていました。女性の解放や女性運動より前の時代の女性の成功戦略が、彼女にとっては今日まで有効な、頼るべきルールだったのです。

ひとつの環境に長くいると、そこで使われているルール型思考パターンの根拠を疑うことを忘れがちです。そういうときには、自分とまったく異なるバックグラウンドを持つ人と頻繁に会話することが、とても役に立ちます。

完璧な答えは存在しない

クライアントの中には、疑念や相反する感情と戦っている人も大勢います。選択肢の中からひとつを選ぶことができないという状態です。

その背後にはたいてい、評価型マインドファックとルール型マインドファックの組み合わせが潜んでいます。彼らは、物事にはただひとつの完璧な答えがあるはずで、その答えを見つけたときには、好ましく感じるはずだ、と考えています。

ここには、「目標を達成したときには、いい気分になるはず」という前提があります。けれど、いつもそうだとは限りません。

たとえば、自分や周囲に対して、ハードルを高く設定した場合。そんなときにはむしろ、落胆し、むなしさを感じることのほうが多いでしょう。

また、「正しいときには好感を抱くはず」という前提も、まったく新しい状況下では当てはまらないかもしれません。新しい状況に直面すると、私たちは安心感を抱くことができません。

「ワクワクする」ことはあるでしょうが、そのような状況下で目標を達成したときに、どのような気分になるかはわからないのです。それなのに、ルール型マインドファックが「正しければ好感を抱くはずだ」と主張し始めると、決断できなくなるのも無理はありません。

優れた芸術と収入は両立するか

現実と理想が異なるとき、ルール型マインドファックは、厳格なルールに従って私たちを裁き、自信を失わせます。

「あれかこれか」というのは、この思考パターンのお得意の表現です。

「子どもか仕事か」

「快適な生活かやりがいのある仕事か」

「仕事か楽しみか」

「大金を稼ぐか自由でいるか」……。

こういった考え方を正当化するのが、「どうせ全部は手に入らない」という前提です。

このルールも、かつてギリギリの資源しかない時代には意味があったのでしょう。

しかし、今日では、視野の狭い、不適当な考え方にすぎません。このような考え方をしていては、自ら「できること」「やる価値があること」を制限することになってしまいます。

ときどき、作家や芸術家のコーチングをすることがあります。

まだ知名度の低い人は、「優れた文学（芸術作品）を目指すか、金を稼ぐことを目指すか」というルール型マインドファックに苦しんでいます。

言い換えれば、「質の高い作品をつくれば貧乏生活で、くだらないものをつくれば富を得られる」というわけです。

天職をまっとうしたいけれど、快適な生活も送りたい、そんな人にとっては、まさに死活問題です。そんなとき、私はこう尋ねます。

「優れた芸術といい収入、両方を目指すのはどうですか？」

作家や芸術家の間には、「質の高いものは注目を浴びず、売れない」という神話があります。

この神話が、評価型マインドファックとも結びつき、何層にも重なる心理的バリアを生み出します。

しかし、本当に必要なのは、優れた作品をつくりながら、きちんとした報酬も得られるような戦略を練ることです。

最初は私のことを救いがたい楽天家だと言っていたクライアントたちも、マインドファックを捨て去り、創造的に仕事に取り組み始めたら、私の思った通り喜ばしい結果を得られました。

私たちの心を操るルール型マインドファック

自己妨害のレパートリーの中でも、ルール型マインドファックの作用の仕方は明白です。

この思考パターンは、私たちの視野を狭め、私たちの心を意のままに操るのです。

もともとこの思考パターンは、私たちを世界に順応させるためのもの——ルールを示すことで私たちに「世界のしくみを知っている」という感覚を与えるためのもの——だったのかもしれません。

しかし、学ぶことをやめると、ルールは私たちの中で固定化します。

そして、ルール型マインドファックは、私たちの世界や可能性をそのルールの中に閉じ込めて、実際より小さくしてしまうのです。そうなると、人は早々に老け込み、〝なりたくなかった自分〟になってしまうでしょう。

発見の喜び、好奇心、学習意欲、創造性、そして驚く能力と驚く喜びも失われてしまいます。

ルール型マインドファックにとらわれている人は、ルールのおかげで自分は安全な場所にいると思い込んでいます。しかし、そういう人は、将来の安全のために必要な、大切なものを犠牲にしているのです。それは、常に新しい自分を見出す力と、状況の変化に対応する知識です。

6 不信型マインドファック

他人を信用すれば裏切られる

「他の人は信用できない」。この言葉になじみのある人は多いでしょう。

破滅型マインドファックモードのときは、自分や周囲の世界に悪いことが起こるのではないかと不安になりますが、不信型マインドファックのモードのときは、他人やその人たちの動機を信用しないほうがいい、と考えるようになります。「内なる番人」が、誰も信用すべきではないと警告するからです。

こういった思考は、苦しい経験、気持ちの整理のついていない経験の結果であったり、過去の家族関係や人間関係の中で学び、身につけてきた人生に対する見方が原因であったりします。

不信型マインドファックの状態で生きている人は、自分が守られていて安全だと心から感じることは決してありません。この思考パターンは、「他人はみな不誠実で、悪意を持っていることさえある」という前提に基づいているので、ときに深い孤独感を伴います。

「他人を信用すれば裏切られる」

「良い結果を得たければ、自分でやるほうがいい」

こんな思考と結びついていることもあります。外の世界に対する不信感を乗り越えるために、不信型マインドファックは攻撃的な口調で主張します。

男性不信だった女性の変化

ずっと新しい彼氏をほしがっていたある女性は、男性をまったく信用していませんでした。彼女には財産があったので、みんな自分の財産が目当てなのだ、と思い込んでいたのです。

誰かと知り合いになると、すぐに相手に対して批判的、攻撃的になるので、当然ながらつきあいを深めることは困難でした。

私は彼女に、ある実験をするよう求めました。次のデートのときは、相手の男性を信頼しているかのようにふるまってみてください、と頼んだのです。

そして、相手の信頼できる部分を意識的に探し、それでも彼女の言うところの〝不信発作〟が起こりそうになった場合は、無用のトラブルを引き起こす前に、愛想良く言い訳をしてデートをすぐに終わらせる、ということにしました。

その通りにしてもらったところ、彼女の身に驚くようなことが起こりました。初めて、緊張せず、リラックスして男性とすごせたのです。しかも、相手をきちんと見つめ、相手も自分を見てくれていると感じ、本当の関心を持って、心のこもった会話ができたと言うのです。

このように感覚を研ぎ澄ませることで彼女が気づいたのは、相手に強い好意を感じると、胸のうちで不信感が主張し始める、ということでした。

そこから彼女は、「自分を裏切った過去の恋人のことをまだ整理できていなかった」という結論を導き出しました。彼女の不信は、新たな失望から自分を守るための「盾」のようなものでした。

でも、その盾が、新たなパートナーを求める気持ちまでをも妨害していました。つまり、不信型マインドファックが、彼女を失望から守るだけでなく、新たな体験を妨げていたのです。

それから数カ月かけて、彼女の新しい交友の絆は太くなっていきました。その間も、彼女はくりかえし私のコーチングを受け、不信感を普通のレベルにまで抑えられるようになりました。ついに、心を開いて物事を見られるようになったのです。

何も疑わないお人好しになったわけではありません。不信が現実を支配したり、理由なく彼女を妨害したりするのを防ぐことに成功したのです。

どんなことにも反論してしまう

不信型マインドファックの特別な形で、知ったかぶりと紙一重なのが、いわゆるミスマッチングです。このマインドファックには無意識のうちに他の人に反論するという特徴があります。

あなたの言葉は、いつも「でも」で始まっていませんか?

本を読むときや誰かと話すときに、他の人の意見のどこが正しくないか、考えていませんか?

相手が発言するより前に、反論がもう喉まで出かかっていませんか?

もしそうなら、不信型マインドファックから生じるミスマッチングの状態にあります。

ミスマッチング状態の人は、基本的に、いつでも他の人の間違いを探しています。

これは、自分が操作されないためであると同時に、絶えず他人と自分を比較(評価)することで、自分を知ろうとしているからでもあります。

職場で人と衝突をくりかえしていた女性

かつて、自分に合った職業を見つけたいという女性と面談しました。しかし、後で本人も認めたように、彼女は、そんなものが見つかるとは最初からつゆほども思っていませんでした。

誰も自分を助けることなどできないと固く信じていたのです。どうせ自分は救いようのないケースだし(愚痴)、どんなに努力しても失敗するに決まっている(破滅)と思っていました。

つまり彼女は、自分自身も人生も、コーチングの可能性も信じていなかったのです。

面談は彼女のこんな言葉で始まりました。

「さあ、私に合う職業は何なのか、どうぞ言ってくださいな。専門家なのだから、顔を見ればわかるはずでしょう。それとも、ひょっとしてできないんですか？」

この、たった3つの文の中にも、評価、圧力、そして不信が表れています。

私が、「あなたに代わって問題を解決することはできないけれど、コーチングを通してあなたが問題を解決するのを手助けすることはできます」と答えると、彼女は笑い、専門的なコーチングの何たるかを私に「教え」ようとしました。そこで、私は彼女に尋ねました。

「他の人と意見が一致せず、ぶつかったり、言い合いをしたり、衝突したりすることが、必要以上に多いのではありませんか？　それって、とても疲れることですよね」

この反論に彼女は沈黙しました。それからしだいに心を開き、彼女の仕事の生産性を下げていた、不信とミスマッチングの「盾」を下ろし始めました。

数日前、彼女は雇用主から叱責を受けていました。あまりにもしょっちゅう周囲の人と衝突し、上司の目から見て、不要かつ深刻な問題を部署にもたらしているから、ということでした。

つまり、不信は私たちを不愉快なことから守ってくれるのではなく、新しい経験を積む可能性を妨げるだけ。反対に、信頼は人生やその中で起きる不幸（幸福）とつきあっていくための、最も大切な財産のひとつなのです。

7 過剰モチベーション型マインドファック

行きすぎたポジティブ思考

コーチングの創始者のひとりであるティモシー・ガルウェイは、自分の頭の中の敵が、他の誰よりも強いということに気づきました。

でも、彼が注目したのは、それだけではありません。最近になって著名な研究者たちが立証し始めた事実にも、彼は以前からすでに気づいていました。

それは、私たちはネガティブな思考で自分を妨害するだけでなく、過剰にポジティブな思考でも自分を妨害するということです。過剰なセルフモチベーション、つまりひっきりなしの「自分への激励」は、絶え間ない自己批判と同じように、強い圧力になります。このマインドファックに陥ると、生活全般が張りつめたものになることがあります。

過剰モチベーション型マインドファックに陥っている人は、いつでもどこでもポジティブかつ楽観的で、自信に満ちていて、上機嫌でいることを自分に求めます。

自分自身にも周囲の人にも問題などあってはなりません。課題があっても必ず乗り越えられると考えています。

「大丈夫、必ずやり遂げられる！」

これも、現実からはかけ離れた考え方です。他のマインドファックと同じように、この思考パターンも、「安全」と「コントロール権」を提供することで、私たちを動かそうとします。

私たちは、周囲の世界をコントロールできていて安全だという確信を得るために、自分を条件づけ、「幸福ゾーン」を取り囲む心のバリアに手を触れないようにします。

さらに、過剰モチベーション型のマインドファックは極端な高揚感と結びついていることが多いので、とても魅力的に見えます。

そして、自分の人生を成功の歴史と見なすよう私たちに強要します。私たちは自分のことを、すばらしい、無敵の存在だと感じます。「いつだってやり遂げてきた！」と。

しかし、自分の人生はたぐいまれな大成功だと触れ回っている人は、人生は失敗ばかりと言っている人と同じく、一方的な見方しかしていません。こういった極端な考え方には、人生の多様性を感じ取るためのバランス感覚が欠けています。実際は、現実に対する感覚が鋭ければ鋭いほど、正しい情報に基づいて、より良い決断ができるのです。

コーチングをしていてときどき遭遇するのが、過剰モチベーション型マインドファックの状態で大きな成功を収めてきた人が、中年期を過ぎたときに、物事をポジティブに考えられなくなってしまうというケースです。

多くの場合、結婚生活はすでに破綻していて、健康上の問題も現れ始めています。

あっという間に正反対のものに変わるのがマインドファックの本質ですから、こうしたクライアントは、突如として自分のグラスは「まだ半分満たされている」と感じるのではなく、「もう半分が空なのだ」と思うようになります。彼らは自分を疑い始め、そこから危機に陥ります。

常に高揚感を得ることのリスク

過剰モチベーション型マインドファックの力が弱まると、「内なる番人」は、また別のスイッチを入れます。すると私たちは、自分への圧力を強め、他と比較するようになり（評価型マインドファック）、将来に対する不安、失敗への不安を自分であおり立てます（破滅型マインドファック）。

そこまでひどくならないうちに、過剰モチベーション型マインドファックの存在を認め、うまくやめることができれば、それに越したことはありません。

今日では、成功と満足のためには、リラックスして心を開き、好奇心と意欲を持って、新しい体験をするのが一番だということがわかってきています。そうすれば、最大の幸福感をもたらす「流れ《フロー》」に乗ることができるのです。

過剰なモチベーションによって自分を駆り立て、全力でがんばろうとするのは、常に興奮剤を探しているようなもの。代償として、本来の欲求や可能性が奪われてしまいます。常に高揚感を求めていると、間違った望みや過大な期待を抱きやすくなり、誇大妄想が生じることもあります。

さらに悪いことに、高揚感を無理やり持続させているときには、いずれ嫌な現実に気づいてしまうのではないかという不安からも逃れられません。

他のマインドファックと同様に、過剰モチベーション型マインドファックも、私たちの「内なる番人」の戦略のひとつです。

番人は狭い幸福ゾーンを見張り、私たちが新しい発見をすること、自分自身や現実を見つめることを妨げます。過剰モチベーション型マインドファックという心のドラッグに頼っている人は、周囲の人にとっては近づきにくい存在になりがちです。そういう人が、自分のモチベーションを高めてくれる人ばかりを集めようとすると、周囲はある種の〝ファンクラブ〟のようになっていきます。

ところが残念なことに、そういったファンは、困難な時期が訪れるとすぐに離れていってしまいます。そんなときには、人生がひどく孤独なものになり、地に足がついた人々が恋しくなるでしょう。また、モチベーションを高めるために、常に「お手本」や「カリスマ的指導者」

を探しているというケースもあります。

競技スポーツをやめられない男性教師

過剰モチベーションという心のドラッグによって制約された人生に入り込んでしまった人のコーチングをしたことがあります。長期にわたって相談に乗った、40代のある男性教師は、余暇には競技スポーツをしなければならないという考えに「取り憑かれている」と言いました。

彼は、次から次へと試合に出ていました。彼の周りには「いいね」と言って、彼の成功談を何時間でも聞いてくれるような賛美者しかおらず、「そんなに無理をして、将来、年をとったときに大丈夫なのか」と尋ねる人はいませんでした。そういう人は、彼にとっては「ネガティブな不満屋」「しらけさせる人」、あるいは「悪意のあるねたみ屋」だと映ったのです。

競技スポーツとモチベーションの維持にどんな意味があるのか考えてもらうと、彼は、数回面談した後にようやく答えました。

「私は仕事上でもプライベートでもむなしさを感じていることを認めたくないのです。毎朝学校へ行くと調子が悪くなります。だから仕事の後で何をするかを考えて自分を慰めたり、朝からモチベーションを高めるCDを聞いて不愉快な気持ちにならないよう努めたりしています」

ここで彼は、非常に大事なポイントに触れています。

私たちのセルフモチベーションが、望ましく役に立つポジティブな行為なのか、過剰モチベーション型マインドファックなのかがこの点でわかります。

過剰モチベーション型マインドファックは、多くの場合、人生でうまくいっていない部分を隠し、本来は変えなければならない状況を、自分にとってさもいいものであるかのように見せ続けるという役割を果たしているのです。

ですから、過剰モチベーション型マインドファックは成功している人だけのものではありません。停滞していて、物事を始められないと思っている人にも起こります。

そうした人は、気分が落ち込み気味で、愚痴っぽい思考と攻撃的であおるような過剰モチベーション型の思考との間を行ったり来たりしています。

しばらく沈んでいると再びモチベーションを高めようとしますが、このモチベーションが効かなくなると、次の落ち込み思考のループにはまってしまうか、攻撃的な自己非難に陥ります。

それでは、過剰モチベーションと本当のモチベーションの違いは何でしょうか?

本当のモチベーションとは、実際に行動を起こさせるものです。意欲をかき立てられても何もしなければ、私たちはドラッグに酔ったような気分のとりこになるだけで、前進することはありません。長期的に見ると、ドラッグはいつも自己妨害の道具なのです。

なぜ長く集中できないのか？

最初はやる気になるものの、後で決まって意欲を失うような場合は、おそらく本物のモチベーションと自分との間に新たなマインドファックが入り込んでいます。

何事にも長く集中できないと思っている人にとっては、まずこれに気づくのが重要です。それは必ずしも、心がオープンでいろいろなことに関心を持っている証拠ではありません。むしろ、ひとつのことに対する集中力や意欲をくりかえし奪う、綿密に考え出された自己妨害戦略の表れであることが多いのです。

この場合、最初の困難にぶつかるとすぐに、評価型マインドファックが現れます。「これは面倒だ。自分には難しすぎる」

そうすると、すぐに自分に圧力をかけ始め、とにかく「がんばる」ことを強要するか、自分を過小評価し、取り組んでいた物事についても「これはもともと自分が思っていたほどおもしろいものじゃなかった」と過小評価します。そうなると、「これは自分には向いていない」という結論になり、次の刺激を探し始めるのです。こうしてマインドファックに特徴的な、自己妨害の循環が起こるのです。

「内なる番人」が望むもの

これで「内なる番人」の主張と戦略が明らかになりました。

番人は、私たちが幸福ゾーンを拡大することを妨げます。

番人は「破滅するぞ」と言って脅し、他の人の利益を優先すべきだと諭します。

さらに、脅迫し、圧力をかけ、評価を上げたり下げたりして不信をあおり、安全とコントロール権を保つために、守るべきルールを知っているのは番人である自分だと主張します。

もうひとつの戦略としては、正反対の感情への逃避があります。嫌なことを抑え込んだり、自分を過剰に激励したり、あるいは、攻撃的思考パターンと落ち込み型思考パターンとの間の「行ったり来たり」から逃れるための高揚感を切望したりするようになります。

連動するマインドファック

いくつかのマインドファックが同時に起こることもしばしばあります。それらは、ひとつの歯車が他の歯車と連動して動くように、互いに影響し合いながら効力を発揮します。

一度この歯車の中に入ってしまうと、自分の思考にからまれて身動きがとれなくなり、たいていの人は動くことをあきらめます。すると、ストレスが高まるのです。たとえば時間的なプレッシャーがかかったとき、マインドファックがどんな影響を与え合うのかを見てみましょう。

ペーターは午後までに大事な計画書を完成させなければなりません。

「うわっ、もうこんな時間だ。まだやることがたくさんあるのに！　すべてやり遂げるのは絶対無理だ（愚痴）！　できなかったら上司に殺されるな。そうなったら、給料アップのチャンスもなしだ（破滅）。さあ、ペーター、立ち上がれ、今がんばらなければ、本当にひどいことになるぞ（強制）。お前はいつだってやり遂げてきたじゃないか（過剰モチベーション）。でも、ひどく疲れて精も根も尽き果てている。もうできない（愚痴）。バカな同僚たちの提案書のほうが上出来だったら、俺はもう終わりだ……（評価）」

ペーターの頭の中ではこれが午後まで続きます。

このように気持ちがそれていると、仕事が遅くなり、ミスが重なる恐れも増えます。

あなたにも似たような体験がありませんか？　もしマインドファックが現れたら、そのたびに内容を書き留めておくと、感覚を研ぎ澄ますのにとても役立ちます。それによって、内なる番人がどのように働いて私たちの行動を妨害しているかを確実に見抜けるようになります。

また、次のステップで自己妨害をやめることが容易になるでしょう。

7つのマインドファックをつなぐもの

すべてのパターンにわたる現象を調査したところ、こんなことがわかりました。

・思考がマインドファックモードになっていると、私たちは自分の経験を一般化し、制約的な人生のルールをつくり出します。不愉快な経験をすると、人生に対する自然な好奇心を捨て、恐怖のシナリオや厳格なルール、型通りの思考などに従うことで、自分の身を守ろうとします。

・どんなタイプのマインドファックも、まずは私たちを引き止める役目を果たします。心の自己妨害《メンタル・セルフサボタージュ》は、現状維持や従来通りの人生戦略を継続することに役立ちますが、同時に私たちの人生を、予測可能で、狭く退屈なものにします。

・どんなマインドファックも、安全のために役立つという気持ちを起こさせます。マインドファックに従うとき、私たちは安全のための決断をしたと考えます。障害物を避けるために身をかがめるにせよ、古い価値体系の中で行動し続けるにせよ、マインドファックは、「従来通りの人生」を新しいものから守り、人生を自分でコントロールしているという感覚を与えます。

・新しいものは「内なる番人」の目には危険なものとして映ります。私たちは、自分の幸福ゾーンを拡大するという冒険を企てるよりも、よく知っている快適なゾーンに留まることを好みます。そんなときには、どのタイプのマインドファックも非常に信頼できる協力者となります。

まさに、「屋根の上のハトより手の中のスズメのほうがまし（当てにならない大きな望みを追うより小さな利益を確実に手に入れるほうがいい、という意味のドイツのことわざ）」。

そうやって、私たちは自分の人生に多くを期待しないよう、自分を条件づけます。

・自分自身と自分の人生をコントロールしたいという願いにマインドファックが加わると、「新しい世界への一歩は生死に関わる脅威」と見なすようになります。すべての自己妨害の背後には、不安が隠れています。破滅型マインドファックでは、「内なる番人」が私たちを怖じ気づかせるためにその不安を手段として使います。

・マインドファックモードで考えるときには、「しなければならない」「すべきだ」「していい」という、批評したり圧力をかけたりするための言葉が使われます。義務や正当性、禁止が重視されるのです。私たちは、まるで厳格な親が未熟な子どもに言い聞かせるかのように、自分に語りかけることがあります。私たちはいまだに、自分に代わって価値や義務や規則を決めてくれる権威者を求めてしまうのです。私は、「内なる番人」こそが、この権威者の役割を果たしているのだと考えています。なぜかについては次の章で見ていきましょう。

・私たちは、自分の本当の可能性を2つの単純な言葉のトリックによって狭めています。「もしAならBになる」とか「AかBかどちらか」という言葉によって圧力を生み出し、他の道を創造的に結びつけること、または多種多様な選択肢を持つことを不可能にしているのです。その結果、私たちの認識は歪み、創造力や変革する力も低下していきます。自分で自分にわずかな選択肢しか与えず、他の解決策はないと言い聞かせていると、本来は明晰な頭脳も新たな解決策を生み出せなくなり、変化することなく、ただ安全な道を選び続けることになります。

このように、自分を妨害する方法は多種多様です。それらが互いに補い合い、一緒になって、誤った思い込みや最善でない人生戦略を次々と生み出すのです。

私はこれまで、「マインドファックなんてまったく縁がない」という人にはまだ会ったことがありません。となると、いくつかの疑問が生じます。

私たちはみんな、おかしくなってしまったのでしょうか？　敵は本当に頭の中にいるのでしょうか？　私たちが敵の手の中にあるのでしょうか？　それとも、この自己妨害行為には、もっと良い説明があるのでしょうか？

第3章

Chapter3

マインドファックが生まれる2つの背景

自分で自分を転ばせようとするシカを見たことがありますか？

自分のことを嫌うあまり、めまいがするまで円を描いてぐるぐる走り続けるウサギは？

おそらくないでしょう。

自分を妨害するのは人間だけ。ということは、この行為は人間特有の思考方法と何らかの関係があるに違いありません。マインドファックを理解しようとするなら、人間特有の能力について考察しなければなりません。

人間が持っている驚くべき能力

私たち人間には、生まれつき驚くべき知能が備わっています。

脳科学者のゲラルト・ヒューターは、知能があったからこそ、人間は種としてこの惑星で生き延びることができたのだと言います。なぜなら、自然界のあらゆる生態的地位《ニッチ》はすでに高度に特化した他の生物によってふさがっていたからです。

地球上のどんな目立たないところにさえ、すでにその環境条件にぴったり適合した生き物が生息していました。だから、生き残るためには、特殊な条件に依存しない、柔軟なゼネラリストになるしかなかったのです。

今も気候条件の厳しい地域で人間が生きていることを思うと、進化が成功したのだということとがわかります。

人類は非常に柔軟で、本能や衝動からも自由でした。ゼネラリストとしてどのような条件にも適合するためには、「あらかじめ組み込まれたもの」はなるべく少なくし、できるだけ後から学んだ知識を身につけるようにする必要があったのです。

脳科学者も指摘するように、人間は、思考のために必要な素質をすべて備えて生まれてきますが、生まれた時点の脳は、ほとんど何も書かれていない白紙のような状態です。そこから最初の数年で急速に学習能力が発達し、その能力は人生を通して失われることはありません。

しかも、今日では、高齢になってもなお、脳に新しい神経結合をつくり出せることがわかっています。つまり、年のとり方によっては、100歳を超えるまで学ぶこともできるということです。107歳になっても新しい役を舞台で演じていた俳優ヨハンネス・ヘースタースは、それが事実であることをはっきりと示してくれました。

動物は限られた学習能力しかなく、遺伝的な行動パターンと密接に結びついているのに対し、人間は、生まれたときから絶え間なく学習することで成形されていく、粘土のような存在です。

私たちの誰もが、生まれながらにして学習の世界チャンピオンなのです。

それだけではありません。本能によってコントロールされる部分が少ないために、人類には、優れた記憶力が必要でした。

学ぶためには、覚えなければなりません。ですから、過去を回想する能力が必要でした。また、明日というものも感知できなければなりません。将来に対する想像力も必要なのです。私たちが常に「今、この場所」に注意を払っていられないのは、生物学的ミスではありません。むしろ、生まれ持った能力を使っている証です。その能力によって、私たちは思い出すこと、将来の心配をすることができるのです。

私たちの頭脳は、体験したことを記憶に留めることができます。

何百年も前に、人々がどのように生活していたのかを想像することさえできます。

過去や未来への時間旅行をしているようなものです。私たちの誰もが、この比類ない頭脳とともに進化のすばらしい成果を受け継いでいるのは、疑いようがありません。

けれど、このすばらしい能力を、自分のためではなく、自分に不利益になるように使ってしまうとなると、問題が出てきます。

まずは、私たちの思考がどのように展開するのかを見ていきましょう。

そうすれば、どんなときに、なぜ、自分を妨害してしまうのかがわかってきます。

子どもはどのように自分を認識するか

幼少期の人格形成について詳しく知るために、私はアンケ・パニエル氏へのインタビューを敢行しました。

パニエル氏は、保育士、社会教育学者であるとともに、専門的な訓練を受けたライフコーチであり、今はベルリンプロテスタント大学で研究員として働いています。

彼女はその研究者チームの一員として、保育士の教育を大学レベルに引き上げるための「基礎教育学（初期教育学）」という新しいカリキュラムの編成に当たっています。

彼女自身にも2人の子どもがいるので、子どもが自我を獲得し、周囲の世界を認識できるようになるまでについては、実体験に基づくエピソードをふんだんに持っています。

彼女と話す中で最初に学んだのは、人間は、子どものときにはまだ自分の小さな世界の中で生きていて、外部と内部、自分と他人の区別がつかないということです。

2歳頃までの子どもは、自分と外部の世界、自分と親を同じものとして見ています。けれど、2歳になると、自分を外部の世界とは違うものとして認識し始めます。

いわゆるミラーテストで観察されるように、この時期の子どもは、鏡を見ると、そこに映っているのが自分だと認識するようになります。

鏡の前にいるこの年頃の子どもの鼻に赤い点を描くと、その子は鏡に手を伸ばすのではなく、自分の鼻に手をやって点を取ろうとします。その時点で、この子は自分が独自に存在していること、鏡の中の姿は他の誰かではないことを理解しているのです。

自分との対話の始まり

この頃になると、子どもは自分と他者がいることを理解し始めます。外部の世界とも親とも違う、自分の個性を発見するのです。

これは、脳が「区別」し、「分割」することを覚えたからこそ。

内と外、自分と他人――。

この認識が、人格を形成し、社会的存在として他者と共同生活を営むための基盤となります。

このとき、思考パターンに重要な変化が起こります。

自分と対話をし始めるのです。もはや、ただ生きているだけの無自覚な存在ではなく、自己との対話を通して、自分自身との関係、他者との関係を築くようになるのです。

また、これによって、「内なる番人」を持つのに必要な条件もすべてそろいます。

番人は、この後、数年でたくさんの栄養を与えられ、「成長」していきます。

子どもたちは、複雑な話ができるようになるのとほぼ同時に、こうした能力を身につけます。

物事の間につながりを見出し、原因と結果の関係を理解できるようになるのも、この頃です。

積み木を重ねて塔が倒れないようにするためにはどうすればいいのかを考えられるようにもなります。

子どもは、継続的な学習プロセスの中で、自分を取り巻く世界を自分の中に取り入れます。

いわば、周囲の世界の写しを自分の意識の中につくるのです。たとえば、人と会ったときには、その印象を特殊な脳細胞であるミラーニューロンによって模写します。そして周囲の反応を見ながら、自分の感じ方が「正しい」かどうかをチェックしていきます。

小さな子どもが転んだときの様子を思い浮かべてください。両親がびっくりしたような、あるいは痛そうな表情をすると、子どもは痛がり、泣き始めます。反対に両親が落ち着いていると、子どもはまったく泣き出さないか、泣いてもすぐに落ち着きます。

自分の経験と他者の反応を通して、私たちは自分が誰であるかを学んでいくのです。こうして、周囲の世界と絶え間なくやりとりをする中で、数年のうちに人格の基盤を築いていきます。

子どもは、他者との関係の中で、自分が他の人にどんな影響を及ぼすか、何が喜んで受け入れられ、何がそうでないかを学びます。

ひとりで考えるだけでなく、常に周囲の世界と照らし合わせて考え、行動します。けれど、まだ幼すぎるので、すべてを批判的にチェックして正しいかどうかを判断することまではできません。自分自身を制限するものや妨害するものも、無意識のうちに取り入れたり、学んだりしてしまいます。

「内なる番人」は、そうした〝思い込み〟を食べて腹を満たします。こうして人は、良くない経験でさえも深く考えることなく処理し、自分なりの「意見」を形成していくのです。

「自分」になるための混乱

刺激に満ちたこの世界で、限界を経験することもあります。

子どもは、個人としての自分の存在を認識するのと同時に、自分の意志があることにも気づきます。そして、自分の意志を通すことができない――とくに、大人が出てくると自分の意志を通すことができない――という経験をします。

3歳ぐらいの子どもがデパートの真ん中でかんしゃくを起こして床に座り込んでいるのは、おなじみの光景でしょう。

世界と向き合うこの時期には、莫大《ばくだい》な感情エネルギーが放出されるのです。

子どもは、自分にも意志があること、けれどそれが大人によって妨害されるということを知り、天国と地獄を同時に味わいます。アンケ・パニエル氏によると、子どもは、自分にはすばらしい能力があると思っているそうです。子どもは毎日たくさんのことを学び、自分の進歩を見せたがります。ハイハイができたら次は歩き、話し、理解する。

世界は子どもに対して、毎日少しずつ秘密を明かしていきます。これを子どもが誇らしく思わないはずがありません。ただし、批判されたり、たしなめられたりすれば話は別です。

話すことを学び、自己対話と自己妨害が始まるより前に人が歩くことを覚えるのは、そのときならまだ、自分を妨害せずに済むからかもしれません。

自己妨害をするようになっていたら、歩こうとして転び、自分を批判して、もう一度歩こうとして……やがてあきらめかねません。

幸いにも進化に抜け目はないようで、子どもたちは非常に効率のいい学び方をします。子どもは、歩けるようになる前に、「歩けるようになりたい」という強い願望を抱きます。世界をもっと体験するために自分の能力を拡大することに対して、子どもはやむことのない好奇心と、強い関心を抱いています。しかも、正しいやり方で学びます。

歩き始めたばかりの子どもが他の子どもたちと一緒にいるのを観察すると、その子が、ずっと年長の子どもや大人を手本にするのではなく、歩くことに関して自分より少し先を行っている子どもを手本にしているのがわかるでしょう。

自分の学習能力を最大限に発揮するために、子どもは無意識のうちに自分の注意力を正しい方向へ向けるのです。学習する際に自分を妨害したり、過大な要求をしたり、疑ったり、批判したり、自分の学習能力そのものを否定したりするようになるのは、思考能力や言語能力がもっと複雑になってからのことです。

さて、内と外を区別し、外部の世界と関係を築くという点にも目を向けてみましょう。

パニエル氏によれば、幼年時代の初期には、感情と思考がジェットコースターのように上下します。この頃の子どもは、毎日新しいことをたくさん学び、自分にはすごい力があると信じているので、たいていのことは「自分ならできる」と思っています。

けれど、その一方で、「あまりに難しい要求を課せられている」と感じることもあります。

幼い子どもには自分の人生をコントロールする力があまりなく、他者からのコントロールを受けがちです。すでに強い意志と好奇心を持っているので、そんな現実に落胆することも多くあります。

この頃の子どもは、自立したいという思いと、年長者やより強い人に対する無力さを思い知ることとの間を行ったり来たりしているのです。

両親と同じように考える

もっと自由に動き回れるようになるためには、子どもは、両親の言う通りにすることを学ばなければなりません。

親が自分のそばにいるときだけでなく、自分ひとりでいるときもそうです。ひとりのとき、両親の指示を心に留めておくことができない子どもは、おそらく生き残ることはできないでしょう。ですから、どんな子どもも両親の指示を無意識のうちに肝に銘じ――実際には違うことがしたい場合でも――その指示が心に浮かぶように学ぶのです。

この世界でできるだけ安全にすごすためには、両親と同じように考えるようにしなければなりません。子どもにとって、それは必須の課題です。そしてこれは、「内なる番人」にとって最初の使命でもあるのです。

少し前に、3歳ぐらいの女の子がすべりやすく急なスロープを登りたそうにしているところを目にしました。

母親の姿は見あたりませんでした。まさに足を踏み出そうとしたところで、女の子は突然止まりました。それから大きな声で、自分に言い聞かせるように言ったのです。

「ダメよ、リンダ、そんなことしちゃいけません。あなたはまだ小さすぎるでしょ」

女の子はスロープを登りたいという気持ちを抑え、自分の中から母親の言葉を引き出しました。自己制限が働いたおかげで、小さなリンダはケガをしないで済みました。「内なる番人」が、使命を果たしたのです。

この例からも、内なる声の警告が常に間違っているわけではないとわかります。

人生の初期、そしてその後においても、私たちは危険な目に遭わないために、そして社会の中でふさわしい行動をとるために、「どこが限界か」についての知識を求めてきました。

私たちはその知識を、まるで第三者が語りかけるような口調で自分に伝えます。

そう、ちょうど小さなリンダと同じように。

それが自分の人生にとって適切でなくなると、つまり、警告や命令や禁止が、年齢や時代に合わなくなると、妨害になります。

私たちがマインドファックモードで自分に話しかけるときに問題になるのです。「内なる番人」は、まるで厳格な親が子どもに話しかけるように私たちに語りかけます。

コーチング、コンサルタント、セミナーといった仕事の中でくりかえし見てきたのですが、人はあっという間に、自覚のある大人から、子どものしゃべり方やものの見方に「すべり落ちて」しまいます。そうすると、突然、自分や周囲をバランスのとれた多角的な視点で見られなくなり、すべてを単純なパターンや極端な例として見るようになります。

まるで、自分が小さな子どもであるかのように、あれをやっちゃダメ、これをやっちゃダメと禁止します。これは、その人が子どもとしての対応の仕方しか知らないテーマ、状況、感情に接したとき、顕著に現れます。

アドラーの説いた「私的論理」

20世紀の初頭に生きたオーストリアの心理学者で、フロイトの弟子でもあったアルフレッド・アドラー（1870～1937年）は、この問題を私的論理《プライベートロジック》という概念で説明しています。

アドラーは、小さな子どもでも、すでに自分自身や他人、そして人生についての独自の論理を持っているといい、それを「私的論理」と呼びました。

たとえば、両親がしょっちゅうケンカしているのを見て育った子どもは、私的論理の中で、「大人同士の関係はケンカが多い」という意見を持つようになります。

さらに、それを「愛」というテーマと関連づけて、「愛し合う人同士はたびたびケンカする」という見解を持つようになるかもしれません。こうして考え出した〝真実〟は、おのずから実現する予言のように作用する、とアドラーは言います。この例で言えば、この子は大人になると、いさかいの多い関係を求めるようになる、というわけです。

では、極端なマインドファックは、子どもの頃の私的論理のなごりなのでしょうか？

私たちの「内なる番人」兼批評家は、子どもの頃の人生の見方を誤って解釈しているのでしょうか？　心の中の幸福ゾーンというのは、子どものときにすでに輪郭が決まり、その後の数年でバリアを張りめぐらせた領域なのでしょうか？

私的論理の考え方と同じように、マインドファックは、人生や自分自身、周囲の人、そして世の中でのそれらの関係について、明確なイメージと思われるものを私たちに示します。

また、マインドファック状態のとき、私たちは実際、考えが足りない、子どものような行動をしてしまうことがあります。

マインドファックモードのときには、固定観念と先入観と「AしたらBになる」という単純な構造に従って行動しがちなのです（ただし、この単純な思考を軸に自己妨害的な独自の世界を築くとなると、豊かな想像力を発揮しますが）。

また、思考の結果が無意味であっても、それに気づきません。

実際には数多くの選択肢と可能性があるのに、逃げ道がないと思い込んでしまうこともあります。マインドファックモードのときには、明らかにバカげたことでもすぐに真に受けたり、まるで子どものようにつくり話を本当だと思い込んでしまったりもします。

大人が子どもの心理状態になるのはなぜ？

確かに、マインドファックの状態になっているときには、自分がまだ子どもであるかのように考えてしまうことがよくあります。けれど、心の中でくりかえし子どもの状態に逆戻りし、大人としての可能性や能力を自ら妨害するなど、本当にあり得るのでしょうか？

これを追究したのはアルフレッド・アドラーだけではありません。

大人が心理的に子どもの状態に変わるという現象については、かつてフロイト学派に属し、交流分析を提唱したエリック・バーン（1910～1970年）とトーマス・A・ハリス（1910～1995年）も注目していました。

バーンとハリスの研究は、患者の脳に電気的な刺激を与えて、忘れてしまった記憶を呼び起こすことに成功した神経外科医ワイルダー・ペンフィールドの研究結果に基づいています。

当時、私たちの脳はレコーダーのようにすべての体験を記憶していると推論されていました。

この見方を基礎に、バーンとハリスは、人の社会的行動を記述し、分析するモデルをつくり出しました。

神経外科医の電極が特定の記憶の集合体を活性化させたのと同じように、感情、言葉、イメージ、思考も、それに対応する記憶を呼び覚まします。

バーンとハリスはこれを「トリガー（引き金）」として説明しました。この考え方は、すでに私たちも取り上げてきました。

このトリガーは、思考や感情を活性化させるだけではなく、私たちの行動もコントロールします。バーンとハリスは、人の考え方のパターンや感じ方、行動の仕方は、子ども時代に身につくと推測しました。そして、それらは2つの異なる形で保存され、矛盾する思考パターンや行動パターンを引き起こす、というのです。

つまり、一方では子どもとして無力感を味わった経験として、もう一方では、両親の絶大な力を実感した経験として頭の中に保存されるのです。

バーンとハリスによると、私たちは、周囲の人や自分自身を評価するとき、子どもの頃に身につけた、両親や他の大人の価値基準を利用している、と言います。

子どもにとっての親は、面倒をみてくれて、助けてくれる存在であると同時に、自分を評価し、叱責する存在でもあります。「親の自我状態」にあるときには、両親のものの見方や行動の仕方に影響されながら、自分や他の人を叱責したり評価したり批判したり、ときには母親のように世話をやいたりします。

もうひとつの極端な状態が「子どもの自我状態」で、大人になってからも、特定のトリガーによってくりかえし現れます。

この状態になると、自分は無力で、大人の絶対的な力に依存していると感じるようになります。「子どもの自我状態」に切り替わった大人は、責任を引き受けられなくなります。攻撃的、反抗的になったり、自分より強い人を頼るばかりで、自分の行動や人生に対して責任を負うことを拒むようになるのです。

一方、私たちには、子ども時代に形成されてから、しだいに強く、独自性を持つものへと成長してきた「大人の自我」も備わっています。この自我状態にあるときは、自分に対する責任を負うのはもちろん、賢明な人生の決断をするために理性を働かせることができます。

バーンとハリスは、合理性、つまり理性の力を大人の本質的な特徴だと考えました。

「子」と「親」の自我状態の切り替え

マインドファックに関して言うと、自己妨害の原因は、「子ども」または「親」の自我状態にスリップすることにあるのかもしれません。

この視点からさまざまなタイプのマインドファックを考察すると、この説は多くの点で妥当であるように思われます。

そして、「子どもの自我状態」に切り替わるか、「親の自我状態」に切り替わるかは、マインドファックモードのときに心の中を占めている気分によって決まるのかもしれません。

これまで見てきたように、自己妨害は、攻撃的に自分を駆り立てることもあれば、落ち込みやすい心理状態で自分を抑えつけることもあります。

マインドファックのときに、上か下か、強いか弱いか、力があるか無力か、という極端な分類で自分や周囲の世界を判断するのも、この自我状態に起因するのかもしれません。

つまり、マインドファック状態の人は、過去の子どもとしての領域か、子どものときに大人だと考えた領域にいるのです。

電極を使ったペンフィールドの脳実験と同じように、特定の状況や記憶、気分や思考が「子ども」または「親」の自我状態への切り替えを呼び起こすのですが、そうなると、私たちの心はもはや成熟した大人のものではなくなります。

まるで自分の両親であるかのように、または子ども時代に戻ったかのように行動してしまうのです。具体例を見てみましょう。

「親」のように部下を叱る女性

少し前に、私はあるコンサルタントの女性のコーチングをしました。

彼女はその能力と丁寧な物腰で顧客から高く評価され、成功を収めていました。

ところが、彼女のチームスタッフからは、不快なまでに厳しく、軽蔑的だという意見が寄せられました。彼女に恐れを抱いている人さえいました。

同じ人物についての認識がどうしてこれほど異なるのか。

経営陣の誰も説明できませんでした。

コーチとしての私の目から見た彼女は、さっそうとしてポジティブな印象でした。親切で愛想が良くて、ユーモアもありました。

しばらくしてから、私は彼女に、過去のプロジェクトについて、どのようにチームスタッフにフィードバックをするか見せてほしいと頼みました。私をチームスタッフだと思って、普段フィードバックをするときと同じように話しかけてくださいと言ったのです。

すると、彼女はあっという間に人が変わったかのようになりました。

冷たい目つきになり、体をまっすぐに起こして、文字通り、上から話しかけてきたのです。

何が問題だったのか、どのようにすべきだったのかをすべて数え上げ、私が改善を誓うまで、
そして、どのように変わらなければならないと思うかを計画書にして提出する気になるまで、

問い詰めたのです。私は徹底的に叱りつけられた子どものような気分になりました。ロールプレイングを終了すると、クライアントの女性は、また、元通り魅力的な話し相手に戻りました。

私は、「チームスタッフである私に対して、何を思っていたのですか?」と尋ねました。

すると、彼女はこう答えました。

「『あなたには、今、圧力が必要だ』『そうしないと何も変わらない』と。それから、率直に話をして、誰が上司なのかをはっきり示さなければならないと思いました」

これが解決への鍵でした。

彼女が理性的な「大人」の自我状態から、子どものときに形づくられた、叱責する「親」の自我状態に転換していると気づかなければ、どれほどコミュニケーションスキルのトレーニングをしたところで、部下への接し方は何も変わらなかったでしょう。

コミュニケーションの経験やスキルが不足していたわけではなく、問題は、内面の役割が転換してしまったことにあったのです。

その後、私は彼女に、「もう一度、私がチームスタッフだと思って話してみてください、ただし、今回は私を顧客であるかのように扱ってください」と頼みました。

すると、従業員とのコミュニケーションについて特別な知識を習得したわけではないのに、彼女は自然とすべてを正しく行ったのです。

もともと完全な「大人の自我状態」のときには、バランスのとれた穏やかな人なので、すぐに適切な口調と適切な言葉を見つけることができたのでしょう。

私は叱りつけられたと感じるのではなく、理解され、評価されていると感じ、また勇気づけられ、前向きに正しい道を示してもらったと感じました。

大人としての驚くべき力

ここで、うれしいニュースがあります。

それは、たとえ子どものときに刻み込まれた思考パターンにはまってしまったとしても、そのまま動けなくなるわけではなく、いつでもまた、成熟した本来の「大人の自我状態」に戻れるということです。

実は、すべてはすでに解決済みで、再び適切なものの見方に切り替えさえすればいいのです。

実際、私はバーンとハリスの「子どもの自我状態」と「親の自我状態」のモデルをコーチングに合わせたシンプルな形で利用して、すばらしい結果を出しています。

その例を紹介しましょう。

大きな企業グループで管理職秘書をしている女性が、コーチングのときに泣きそうな声でこう言いました。

「上司が私のことを空気のように扱うんです。十分な評価もされていませんし、ほめられることもありません。上司は私の言葉に耳を傾けず、私の意見を聞くこともありません。こんなの、ひどいです！」

それから彼女は、1日に何時間も上司の行動を観察していること、それを見て、怒ったり失望したりしている、ということを話してくれました。1日4時間はこうした考えにかかずらっているとのことでした。自分自身にも仕事にも悪影響が出る、妨害の典型的なパターンです。

私は彼女に尋ねました。

「あなたは上司に何を求めているのでしょう？」

クライアントの女性はこう答えました。

「私のことを認めて、ほめてほしいです。そして、自分が役に立っているという気持ちを持たせてほしいです」

その後、私は図表を用いてバーンとハリスの交流分析モデルについて彼女に説明し、どうしてもほめられたい、ほめられなければ不快な気持ちになる、という願望が、「親」または「子ども」、どちらの自我状態から来ているかを考えてもらいました。

これまでにこの方法でコーチングをした人たちはみな、この種の問題が起こるときに、自分が「親の自我状態」か「子どもの自我状態」、どちらで話しているのか、気づくことができました。

この女性の場合は、明らかに「子どもの自我状態」でした。

さらにコーチングを進めると、称賛を求める願望の背後に、本当はどんな欲求が隠れているのかを突き止めることもできました。

コーチ：分別ある自立した大人の視点から見たとき、この問題全体についてどう思いますか？
クライアント：そうですね、働く大人の女性としては、いい気分になるために上司の称賛がどうしても必要だとは思いません。
コーチ：すると、何が問題なのでしょう？
クライアント：職場でもっと交流やコミュニケーションがほしいのです。人間らしいつながりを持つことも、私にとっては大切なことです。
コーチ：上司がそれに応えてくれなければどうしますか？
クライアント：仕方ないですね。大人として、職場での人間的なつながりが自分にとってどの程度大事なのかを考えるでしょう。
コーチ：もし、非常に大事だったら？

クライアント：そのときは、その問題を訴えるか、他にどうしようもなければ、新しい職を探すかもしれません。

バランスがとれて穏やかな、大人の視点を持つ本来の自分に切り替えただけで、またたく間に新しく生産的な道が見えてきました。

このクライアントは、マインドファックの輪の中を延々と回っている必要はなく、自分の能力を発揮すればいいのだということに気づきました。意識的に「子どもの自我状態」から離れて大人の視点を持った瞬間に、彼女は破壊的な内面の対話を打ち切ったのです。

私たちの中にいる有能で成熟した大人は、トリガーによって引き起こされた子どもの状態も、「内なる番人」の評価も、すべて遮断することができます。自分で心の自己妨害を終わらせ、創造的な解決策を見つけることができるのです。

障害がなくなると、私たちの頭脳は、最も得意なことをし始めます。

つまり、学ぶことです。

コーチングでは、認められ、ほめられたいという子どものような願望がどこから来るのかはそれほど重要な問題ではありません。無意識のうちに「トリガーを引かれ」ることはよくあることで、コーチングの世界では、それだけで「病的なパターンだ」と推定する必要はないと考えているからです。

とはいえ、クライアント自身がそのテーマをとくに重視している場合は、できれば精神療法医のところへ行くほうが助けになるのではないか、という助言をします。

マインドファックは心の中のミスマッチ？

アドラーの理論、フロイトの理論、交流分析学者の理論、また最新の認知研究における理論も、すべて同じ仮説に基づいています。

それは「人間の思考パターンは、自分自身の欲求や認識と、周囲から受け取るシグナルとの相互作用の中から生まれる」という仮説です。

そう考えると、誰もが子どものうちに身につける、人と交流したり学んだりするときの多面的かつ複雑なプロセスも、マインドファックの原因なのかもしれません。

これまで本書で紹介してきた例を見ても、幼いうちに経験した「自分」と「他者」との関係が、のちに心理的、人格的、社会的問題を生む「ミスマッチ」につながると言えそうです。

もう少し専門的な言い方をするなら、マインドファックは「内なる対話が誤った方向に進んだ結果」ということになるでしょう。自分自身と対話している最中に、幼児期に形成された「子どもの」または「親の」自我状態になって、本当の自分らしさを発揮するのを妨げる「私的論理」を展開してしまう、というわけです。

マインドファックの多くは、この考え方で説明がつきます。そういった理論は幼い頃につくられたものなので、いま現在の年齢や成熟度にはふさわしくありません。

愚痴を言ったり、知ったかぶりをしたり、無理に自分を励ましたり、単純な評価パターンを頼ったり、同じことばかり考えたりしているとき、私たちの心は幼い頃にさかのぼっています。

そんなとき、私たちは、無意識のうちに状況や他者に対する責任を負うことを避けようとします。自分を実際よりも無力に見せようとしたり、実際よりも賢く見せようとしたりもします。けれど、今の私たちは実際には大人です。子どもの頃には通用した論理も、大人になった今では、私たちに不自然な制約を課し、理想的とは言いがたい人生へと引き込むものでしかないのです。

「子ども」や「親」の自我ではなく、「成熟した大人」としての自我を取り戻すようクライアントに促すことで、コーチングの成果は各段にアップしました。

しかし、私にはまだ、解決していない問題がありました。

「マインドファックに陥ったときに現れる特殊な評価パターンや社会的なランクづけは、いったいどこから来るのだろう？」という問題です。

プロジェクトのための資金集めをしなければならないのに、「自分はこのプロジェクトを実現するには年をとりすぎている」と思い込んでいた女性企業家の例を思い出してください。

幼い子どもであれば、「社会的な期待」のことなど、考えないはずです。

この年齢にはこういうことがふさわしい、という感覚もありません。

となると、「そんなことはするものではない」「男のほうが優れている」「女は口を閉じていろ」といった、社会的ルールや世間から期待される役割によって自分を妨害するマインドファックは、どうやって生まれるのでしょう。

これまで、生物学的な根拠や幼少期の人格形成といった側面から考察してきましたが、それだけでは、マインドファックに陥ったときに見られる複雑な評価基準や思い込みがどうやって生まれるのかを説明することはできません。

6～9歳の子に現れる心の変化

ベルリンプロテスタント大学のアンケ・パニエル氏によると、学齢前の子どもは、自分がしていることを自分の人格や自分の価値と関連づけることができません。

学齢の直前、6歳くらいになって、ようやく、のちの社会的評価による自己妨害につながることをし始めるのだそうです。つまり、この時期になって初めて、子どもはまじめに自分を批判するようになるのです。

子ども時代の中期、6歳から9歳までの時期は、マインドファックの出所を探るにあたって、非常に重要な時期です。

子どもたちは生活の中で見つけるさまざまな関係性について「なぜ」と問い始め、他の子どもや大人の説明や解釈を記憶し、それによって自分なりの世界像を形成します。

社会的な結びつきの中で生活し、社会的に形成された男女の役割や、それに伴って生じる要求を察知する力を養います。アドラーの提唱した「私的論理」は、この頃に範囲を広げ、奥行きを増していきます。

こうして子ども時代の中期に、私たちはひとつの境界を越え、個人としての自分と身近な人々との間で妥協することを学び、さらに「社会」が何を意味するのか、周囲の世界で通用するルールとは何かを学びます。このようにして再び難問に向き合い、自分と他者と人生についての確信を得るのです。

この年齢になると、他の人の視点や評価をもとに自分を観察し始めます。そして、この傾向は思春期にもう一度強まります。自分の経験から人生のルールを構築することもあれば、他の人のルールをそのまま借用することもあります。

自分の場所を見つけ、安全に前進するためには、自分が生きている世界の慣習に則ったルールと知識が必要だからです。

しかし、このプロセスは非常に繊細で、ときには自分を激しく制限したり抑制したりして、攻撃的マインドファックや抑鬱的マインドファックを生み出すことにもなってしまいます。

以上から、次のような結論を導き出すことができます。

私たちは、2歳頃から自分と外の世界との違いを理解し始め、子ども時代の中期には社会的ルール――していいことと悪いことについて、明確な自分の考えを身につける。

そして、この両方がマインドファックの源になり得るのです。

他者からの評価を受け入れる

これはいったい、どういうことでしょうか?

私は自分にとって初めての〝社会的学習〟を、いまだにはっきりと思い出すことができます。

6歳のとき、私は家族と一緒にニーダーバイエルン地方の小さな町からシュツットガルトに引っ越しました。そこは私にとって、まったく新しい世界でした。

しかも、人格形成期とちょうど重なっていて、私は、それまでとは別の共同体の中で自分を位置づけることを学ばなければなりませんでした。

すぐに学んだのは、子どもたちの中にも基準があり、それに従って「上」と「下」に分類されるということ。そして、誰もがおとなしくその地位に収まっているということでした。

私はかわいくもなく、スポーツができるわけでもなく、しかもその地方の「正しい」方言を話せなかったので、決まって、「弱い」子どもたちの中に入っていました。

学校スポーツでチームメンバーを選ぶときは、たいてい最後のほうまで選ばれませんでした。それが当たり前なのだと思えるようになるまで、メンバー選びは苦痛に満ちた儀式でした。

私はこのような経験を積み重ねたことで、早い時期から、自分は「平均以下」で、何も特別なところはなく、いいことがあるなど期待できない、と信じ切っていました。

外の世界から与えられた評価を、そのまま自分の中に取り込んでいたのです。

そのほうが、毎日のつらい経験にも耐えやすかったから……。

クライアントからも、似たような話を聞くことがあります。

外から見れば、あらゆる点で成功している人でさえ、こういった自己評価を心の奥底のパラレルワールドに保ち続けていたりするのです。

こうして、人生の早い時期に、私は序列と力について多くのことを学びました。

また、抑鬱的マインドファックと攻撃的マインドファックの恐ろしい効果も知りました。

学校時代全般にわたって、私は帰り道に年下の子どもたち（とくに男子）からつきまとわれたり、叩かれたりしていました。私は自分をみじめで無能で無力だと感じていました。母親にも父親にも何も言いたくありませんでした。

両親でも私を助けられないだろうと思っていましたし、このようないじめに遭っているのが恥ずかしかったからです。私は悩み、学校へ行くのを怖がっていました。

当時私はとても細かったのですが、その男の子たちは私を「デブ」と呼び、さらに「バカ」とか「まぬけ」と言って侮辱しました。

すると私も、家に帰った後、鏡の前で「まぬけなデブ」と自分をののしるようになりました。彼らの意見をそのまま受け入れるほうが、抵抗するより楽だったからです。

他者からの攻撃的な非難は、攻撃的なマインドファックとなって、私を落ち込ませました。学校の行き帰りや学校生活に不安を抱き、人気のない女の子として、本来の気質よりも明らかに抑制された行動をとっていました。私の「内なる番人」は、戒めるような、けなすような口調で私に語り続けていました。

神経生物学者、心理学者であるヨアヒム・バウアーによると、私たちは、攻撃的な他者から与えられた評価を正しい評価と認めてしまうことがあるそうです。

マインドファック状態の私が鏡の前でしたことは、まさにバウアーが言っていることです。私は他人から向けられた嫌悪を、そのまま自分の中に反映させていました。

私の中の番人が他人の判断を受け継いだのです。他者の評価を認めることによって、自分と世界との間の摩擦を解消したのです。

けれど、ご安心ください。年月を重ねる中で、私はこの評価から解放されました。

私たちには、困難な経験も新たに解釈し直す能力が、きちんと備わっているのです。

パニエル氏も、こんな言葉で裏づけてくれました。

「子どもたちはポジティブで、自分のためになる影響をどんどん受け入れます」

同じように、大人の私たちも、少し離れた新たな視点から物事を観察し、嫌な経験によって曲がってしまった部分をまっすぐに戻すことができるのです。

望ましい人生モデル

ところで、自分自身についてだけでなく、将来の人生モデルについても、当時の私はすでに多くを学んでいました。何をもって「成功」と定義づけるかについては、無意識のうちに両親の考えを採用していました。

私は、女性にとって、仕事で成功を収めた男性と結婚するのはいいことなのだ、と考えていました。両親の周囲では、持ち家があること、高級車に乗ることが、成功の度合いを測る基準でした。私は、こういった周囲の考えをまとめ、自分のものとして取り入れました。将来何を目指すべきか、この時点で私の「内なる番人」の考えも固まっていました。

私はクライアントに、「あなたの両親はあなたにどんな人生を望んでいると思いますか」と尋ねることがあります。その答えからは、「内なる番人」が人生の成功についてどんな期待を抱いているかを読み取ることができます。

女性のクライアントの多くは、自分の両親は、やさしくて成功している夫と2人の子どもと一緒にひとつ屋根の下で幸せに暮らすことを望んでいるだろうと答えます。

仕事に関しては、さまざまな意見がありました。

両親は仕事についてはあまり重視していなかった、という女性もいましたし、娘がすばらしいキャリアを積むことを望んでいた、という女性もいました。

前者の「内なる番人」は、「女性にとって仕事は重要ではない」というメッセージを、後者の番人は「申し分ない家庭生活とトップキャリアを両立しなければならない」というメッセージを受け取っていたわけです。

男性のクライアントの中で、このような二重のメッセージを受け取っている人はまれでした。

ただし、男性は、「成功しなければならない」とか、「特定の職業の特定の地位につかなければならない」といったメッセージを早くから身につけているようです。

現在成人している男性と女性の職業的な状況を見れば、社会的な役割の期待に関して、「内なる番人」の〝プログラミング〟がいかに大きな影響を及ぼしているかがわかります。

ここでも、アンバランスな状況の鍵は、マインドファックにあるのかもしれません。

私たちを妨害する声の正体

コーチングを通してわかったことですが、私たちの誰もが、このような「あるべき姿」を知らず知らずのうちに意識しています。その人がどのような環境で育ったか、何を経験したかによって異なりますが、多くの場合、それは子どもの頃にいた狭い世界（当時はざっくりとしか理解できなかった世界）のルールです。

実は、その世界は、私たちがマインドファックによって日常的に自分の中につくり出す心の牢獄と、うりふたつです。このことからも、なぜ多くの人が、かつて家族から学んだ内容と違うことをしようとして困難にぶつかるのかがわかります。

問題は、誰もが「両親や親戚、友人と違うものをほしがること」について、〝許可をもらわなければならない〟と思っているところにあります。

こういった自己妨害モードのときには、「しなければならない」「していい」「許す」など、子どもの頃に聞いた言葉が、雨のように降り注ぎます。

大人の視点で見たときに疑問に感じる考え方の多くは、人生の比較的早い時期の決定的な経験から来ています。それらは私たち自身が生まれ育った世界の狭さ（広さ）を反映しています。

自分を妨害する声が聞こえてきたときには、耳を澄ましてよく聞いてみてください。

それが、幼い頃に聞いた声だとわかるはずです。

アンバランスな人生

古い世界の声をシャットアウトしても、そこから完全に解放されるわけではありません。

私は自分自身を過去から切り離そうとしているクライアントと仕事をしたことがあります。芸術家の両親と一切関わりたくないといって弁護士になった男性もいれば、教師や医者になることを拒んで芸術家になった人もいます。

しかし、残念なことに、そのような抵抗は多くの人にとって同じ結果をもたらします。本物ではない、アンバランスな人生です。

マインドファックモードのとき、人は生まれ育った社会で重視されていたものとは〝反対〟の道を選ぼうとします。家庭で富が重要だった場合、富は「内なる番人」にとってタブーになります。貧困が問題だった場合、「内なる番人」はどうにかして富の方向へ駆り立てようとします。そういった、極端で排他的な考え方は、マインドファックに他なりません。

それぞれの人にとっての本物の生き方とは、極端な考え方の中間、または極端な考え方を超えたところで、自分自身の人生を見つけ、それを発展させることなのです。

子どもの頃の視点に立ち返る

マインドファックの原因について学んだことをまとめると、次のようになります。

自分を卑下したり、無力と見なしたり、批判したり、あるいは自分に圧力をかけたりするとき、私たちは大人としての自分の能力にふさわしくない考え方に逆戻りします。

実際よりも自分を大きく見せようとしたり、あるいは自分を見下したりします。自分の中で、子どもの頃の出来事を再演するのです。

評価を与える両親の役を引き受けることもあれば、無力な、あるいは反抗的な子どもの役を演じることもあります。

そうなると、私たちは、自分を批判し、罰し、感情に流されます。また、世界を現実として見ようとしなくなります。このとき、私たちの「内なる番人」は、思考の中で呼び起こされた「子どもの自我状態」や「親の自我状態」にあります。

どちらのケースでも、私たちは本来の自分の力を発揮することができません。

このような内なる対話にとらわれているとき、私たちは自分の置かれた状況について責任をとろうとしなくなり、まるで自動操縦装置に操られているかのように、古いボロボロのシナリオに従って行動します。

しかし、それによって前進することはありません。むしろ、マインドファックのスパイラルに入り込んで、身動きできなくなってしまいます。

コーチングをすると、クライアントはたいてい、そのときの自分がバランスのとれた分別ある大人なのか、または子どもの頃の状況にすべり落ちているのかを、すぐに見分けることができます。

あなたも、自分にとってなじみのあるマインドファックのひとつを選び、「バランスのとれた大人の視点を維持すれば、いつもと違うように考えたり行動したりできるか」を考えてみてください。

つまり、あなたが「子どもの自我状態」や「親の自我状態」にスリップしてはいないか、チェックしてみるのです。成熟した大人の自我状態に戻るよう心がければ、新しい視点から問題を見ることができるでしょう。

マインドファックを引き起こす第2の原因

ところが、自分に対して行っている妨害行為を、自分ではまったく説明できない、あるいは理性的だと思っているケースもあります。

たとえば、「大多数に従ったほうがいい」「目立たないほうが安全だ」といった、両親や祖父母から引き継いだ考えや処世術がマインドファックを引き起こしている場合です。

こうしたケースは、マインドファックの第2の原因についての手がかりを与えてくれます。

第2章で見たように、いくつかのタイプのマインドファックは、使用人や召使いの行動、あるいは独裁的支配者の行動を思わせます。こういったマインドファックは、「親」や「子」の自我といった概念で説明できる世界よりも深いところで進行し、「子どもの不安」や「両親の心配」より、もっと大きな恐怖を私たちに植えつけます。

そこには、いまだに私たちの頭から離れない、すでに過ぎ去った時代の遺産があるのです。私たちは、自分より長く生き、古い時代の価値観やルールを身につけた親によって育てられました。そのため、私たちの「内なる番人」も、すっかり時代遅れになった確信や考え方を身につけているのです。

なぜ私たちの考えは古いのか

人生の基本ルールに関する考え方は、どの世代でも平均で30年ほど遅れているといいます。テクノロジーでいうと、タイプライターを打ち、ダイヤルのついた巨大な電話機を使い、外出先から電話をかけるときには電話ボックスを探そうとする……それぐらい昔です。

１９７０年に私が生まれたとき、私の両親は30歳くらいでした。

私の両親は、第２次世界大戦の真っ最中に生まれました。彼らの両親、つまり私の祖父母は、ナチスによる非人間的な独裁政権下で若い時代をすごしました。さらにその父母、つまり私の曾祖父母は、皇帝時代の権威主義的でお上に盲従する考え方の中で育ちました。

ここで注目してほしいのは、私たちは自分よりもずっと年上で、しかも、少なくとも30年は時代から遅れた考え方を持ち続けている人によってつくられた世界に生まれてくる、ということです。

マインドファックの論理構造を詳細に考察したことで、「マインドファックは、両親や祖父母のメンタリティの、目に見える〝残りかす〟でもある」という私の確信は強まりました。

哲学者で社会学者のユルゲン・ハーバーマスはこう言っています。

「われわれの生活様式は、なかなか解きほぐすことのできない、家族的、場所的、政治的、および知性的な伝統のかたまりによって、つまり、今日のわれわれをつくり上げた歴史的環境によって、両親や祖父母の生活様式と結びついている」

この視点から見ると、ルール型や評価型などのマインドファックは、私たちが「親」や「子ども」の自我状態にスリップすることで起こるとは言えなくなります。むしろ、過去の時代の支配と従属の文化――現代の社会とは合わない「ものの見方」――を、いまだに頭の中でくりかえしていることが原因ということになるでしょう。それでは、急速に変化し続ける世界を、古い考え方に従いながら歩むはめになってしまいます。

かつて存在した厳しく過酷な世界

私たちの両親や祖父母、曾祖父母、さらにその祖先が生きていた時代、人々の生活はすべてがギリギリでした。大半の人の生活水準は今日よりはるかに低く、分配をめぐる争い、羨望、ねたみ……ごくわずかの金持ちと大勢の貧困者によって、社会が形成されていました。

当時の貧困は、生命に関わるレベルでした。

ですから、一致団結し、節約し、厳しい生き残りのルールを守るということが、家族にとって必須だったのです。しかも、人間の一生は、生まれたときから、社会的身分と性別によってある程度のことが決まっていました。

家族の中にも厳然たる序列がありました。絶対的な支配者は夫や父親で、子どもや女性はその支配に従っていました。子どもや女性の意志が暴力によって打ち砕かれることもしばしばありました。

女性の権利は20世紀半ば過ぎまで制限されていました。独身の女性や夫を亡くした女性は、たとえ自分で家族を養っている場合でも、後見人に従わなければならなかったのです。

近代になると、人々はこの厳格な服従システムを打ち破ろうとし始めました。そして、他者による支配から人々を解放することを目標に、数多くの反乱や革命が起こりました。

しかし、残念ながら、すばらしい理想を掲げて革命が起こっても、結局は支配者や政党が交代するだけで、別の支配関係ができて終わり、その背後にある原理までは変わりませんでした。

「上」と「下」という考えは、あらゆる圧迫や威圧の手段とともにそのまま残り、今日もなお、私たちの心の奥にマインドファックとして潜んでいます。

上下の関係に縛られた考え方

私たちの祖先の世界では、大人であるということは、自分の社会的身分をわきまえて、外部からの期待に沿ってふるまうこと、そして、自分の義務を果たすことを意味していました。それに逆らおうとする人は少数派であり、常に社会から締め出されたり、迫害されたりする危険にさらされていました。

そのような社会で「平穏に」生きるためには、社会そのものや社会のルールを認め、それに従うことが、最も簡単な方法でした。つまり人々は、自分や自分と同じ立場の人に対して、支配者と同じような考え方をしなければなりませんでした。

「下にいる人々」は、「上にいる人」の視点で考えることができたときだけ、適切に行動し、安全でいることができるのです。

「上の人」に対しては、大人に対する子どものようにふるまわなければなりませんでした。へりくだって敬意を表し、服従の態度をとることが、たいていの人の祖先にとっての日常でした。「上にはぺこぺこし、下は踏みつけにする」という態度です。

こうして生まれてくるのが、縦型で階層的な考え方です。「誰が上で誰が下か」「何が正しくて何が正しくないか」「誰がそこに属し、誰が属さないか」「誰が味方で誰が敵か」……。

この思考は「AかBか」という言葉でも表現できます。

「お前は上か、それとも下か」

「味方か敵か」

そこには「AすればBになる」という単純なロジックを使った脅しも含まれています。

「正しく行動すれば、お前は安全だ。正しく行動しなければ、存在が脅かされる」

自分自身の考えを持てば、周囲や国家から脅されることになるような状況では、安全とコントロールが最優先になるのも無理はありません。苦悩や不幸をくりかえし経験していると、何でも自分で決めて自由な人生を送りたいという意欲はそがれてしまいます。

2つの逆戻り

現代人は、正常に機能する法システムのもと、基本的人権の保証された民主制国家で生きています。しかし、心の奥ではまだ、かつての権威主義的な時代を生きた祖先の考え方に束縛されたままです。長らく定着してきたこの思考や感覚が、現代的なものの考え方よりもはるかに多くの場面で私たちの日常生活を規定しているのです。

たとえば、小さい子どもを持つ女性の多くは、自分のキャリアを積もうとするときに、良心の呵責《かしゃく》を感じます。

今日では、キャリアアップを目指して努力するのは良いことであり、社会的にもまったく問題などないということはわかっています。

しかし、他方では、古い時代の声が聞こえるのです。その声はこう問いかけます。

「そんなことをしていいの？　母親なのに自分のことばっかり考えて」

こうして、心の中に同時に存在する2つの見方が、私たちを追い詰めるのです。

マインドファックモードのとき、私たちは二重の意味で逆戻りしています。

ひとつには、「親の自我状態」または「子どもの自我状態」で話すときの、子ども時代の視点への逆戻り。そして、もうひとつは、祖先の思考パターンや生き残り戦略への逆戻りです。

もちろん後者は、今日では時代に合った考え方ではありません。役にも立ちません。

なぜなら世界が変わったからです。世界は、かつてないほどのスピードで、大きく変わりました。だからこそ、古い考えがマインドファックとなるのです。

客観的な基準のない世界

現代に生きる私たちは、自分で自分をコントロールしなければいけません。言い方を換えれば、自分で自分をコントロールしてもいい。そう考えることもできます。

すべての人にとって拘束力のある客観的な基準は、もうありません。

だから、私たちは自分自身の基準を見つけなければならないのです。

私たちの「内なる番人」は、進むべき方向を見失ってしまいました。マインドファックに陥ったときに「内なる番人」が語りかけてくる言葉は、もはや間違いだらけなのです。

人生の突破口を見つけるために必要なのは、新しく適切な視野です。

私たちは古くて偏狭な考え方から自由にならなければなりません。そのためには、「内なる番人」をまったく新しい方向へと向かせる、新しい思考法が必要です。

今、すでにひとつのメッセージを番人に送ることができます。それは、「私たちのいる世界では、何が何でも安全とコントロールが大事というわけではない」ということです。

命令も服従も、もはや私たち個人の方向づけとして現実的ではなく、役にも立ちません。

「AかBか」や「AすればBになる」という極端な考え方も、その意味を失いました。

私たちは一人前の大人として、平等かつ、比較的豊かで平和な環境にいるからです。生き残ることを真っ先に考える必要はなくなり、むしろ充実した人生を送ることが重要になっていきます。この新しい考えは、現在だけでなく、将来のためにも必要です。

この先、これまで以上に多くのことが変わっていくからです。

変化をチャンスととらえる

古い思考で考えれば破滅が待ち受けているように思えても、新たな視点に立てばとてつもないチャンスが見えてきます。内なる不安や脅し、「AかBか」のシナリオに耳を傾けてしまうと、目下の変化から最悪のイメージを思い描いてしまうかもしれません。

たとえば、年をとってもハムスターのように回し車を回し続ける人々の姿です。

しかし、不安を捨てたら、どうでしょうか？　この変化を、まったく新しい思考、行動、共同生活の形をつくるチャンス、高齢者や病気を抱えている人、弱い立場の人たちが暮らしやすい社会にするチャンスとして見たら、どうでしょうか？

周囲の世界や自分の人生、あるいは自分自身を、攻撃的に、または抑鬱的に批判するのをやめれば、私たちは内なる牢獄をあとにして、強い心を生かし、個人的な幸福ゾーンも社会的な幸福ゾーンも、大きく広げることができるのです。

新しい時代のための新しい考え方

そのためにはどんな考え方が必要でしょうか？

私たちに利益をもたらし、生活の質を上げてくれるような未来の世界を築くには、まず、考え方を新しい次元――21世紀の複雑な社会にふさわしい次元に飛躍させなければいけません。

個人の時代である21世紀ですから、この新たな考え方は、私たち1人ひとりの内側からスタートします。

大切なのは、新たなアイデアを出すことでも、表面的に取り繕うことでもありません。私たちの頭の中のしくみを転換することです。

「内なる番人」は、新たに学び直さなければいけません。

2次元的な上下構造に基づく思考ではなく、3次元的な思考に。

対立ではなく、協調に。

人と人とがそれぞれの違いに敬意を持って接する対等なつきあいを考え方の基礎とし、不安、極端な考え方、迷信には別れを告げましょう。

次章からは、どうすれば今の自分を変えられるのかを考えます。

どうすれば新しく、生産的で、時代に則した思考の習慣を身につけることができるのか、そして、どうすれば潜在能力を存分に発揮できるかを見ていきましょう。

第4章

Chapter4

マインドファックから自由になる方法

最高のパフォーマンスを阻害するもの

暖かな5月の朝のことです。

私は、ロンドンの由緒あるテニスクラブ、クイーンズ・クラブに向かっていました。クラブの壁には、125年に及ぶ歴史の中でこのクラブに所属していた伯爵や公爵の肖像画が掛かっています。入口ではじろじろと見られ、入場許可証の提示を求められました。

もうすぐ、ティモシー・ガルウェイと対面です。

私はテニスラケットと白いトレーニングウェアを持ってきていました。私はテニスの経験がないのですが、ガルウェイはすぐにできるようになると言います。

けれど、昔からテニスをやっている友人たちは、こう予言をしていました。

「まともなラリーが2、3回続くようになるまで、何年もとは言わないけど、何カ月かはかかるよ」

ガルウェイの意見は、友人たちとは異なりました。

ガルウェイは20世紀におけるコーチングの父とも言うべき、伝説的な存在です。

ハーバード大学を卒業したガルウェイは、1970年代にはプロテニス選手として、またトレーナーとして活動していました。そして当時のスポーツ界にとって画期的な発見をしました。

「人は、破壊的な思考パターンに陥ったり、過剰にモチベーションを上げようとしたりすると、自分自身を妨害してしまう。この妨害さえなければ、最高のパフォーマンスを発揮できる」ということです。

それまでのテニスのトレーニングでは、トレーナーが指示を出し、修正し、叱り、激励し、生徒の記憶に何かを残そうとするのが当たり前でした。指示とアドバイスで頭の中がいっぱいになった生徒がそれに縛られずに自由にプレーできるようになるまで、何年もかかりました。

しかし、ガルウェイは、指示や妨害的な思考から自由になって、初めて人は本来の能力を発揮できるのだと信じていました。心を開き、好奇心を持って、評価をせずに物事に取り組めば、驚くほどのスピードで効果的に学ぶことができるというのです。

インナーゲームの発見

ガルウェイは、このメンタル面へのアプローチを「インナーゲーム」と呼びました。

「インナーゲーム」しだいで、潜在能力を発揮して効率的に学べるか、自分を妨害して可能性を活かせずに終わるかが決まる、とガルウェイは主張します。

彼によれば、「パフォーマンス＝潜在能力－妨害」だといいます。

そして実際、ガルウェイのコーチを受けた選手は次々と短期間で目覚ましい成果を挙げています。

ガルウェイの著書『インナーゲーム』は、ベストセラーになりました。テレビ番組に出演し、スポーツの不得意な、ワンピースを着た高齢婦人モリーに20分でテニスを教え、専門家たちをびっくりさせたこともあります。

それから36年後の今、私がモリーの立場になりました。

私たちの中の2つの人格

私は緊張していました。私の職業の創始者であり先駆者でもある人と会うからというだけではありません。私がまったくの初心者としてテニスコートに立つところを、25人の人が一緒に見ることになっていたからです。私は、自分にマインドファックが起こったら、すぐに察知して遮断しなくては、と心に決めました。

ガルウェイは73歳になっていました。

彼は人当たりが良く、物静かで辛抱強い人でした。私たちを見に来た各国のコーチの一団も、数分後にはそれぞれの場所に落ち着いて、私たちに注目しました。

ガルウェイは、人がどのように自分を妨害するかについて、簡潔な理論を打ち立てました。私のマインドファックに関する研究にとってもとても重要な理論です。

ガルウェイによれば、私たちの人格は2つの面からなっています。ひとつは、彼がセルフ2

と呼ぶ、私たちの本当の自我。そこに、私たちの個性や潜在能力が眠っています。

もう一方の面、すなわちセルフ1は、私たちが自分に語りかけるときの声です。

この声は指示、評価、社会的ルールばかりを吹き込んで、私たちを苦しめます。

ガルウェイの見解によれば、絶えず私たちに語りかけ、何をすべきか言ってくるこの声は、私たちが教育によって身につけたものです。そして、両親や社会が期待していることをするように私たちに要求します。

ですから、ガルウェイは、このセルフ1こそが私たちの自己実現にとって最も重要な敵であり、私たちの能力を最大限に発揮するには最大の障害となるものだと言います。

つまり、私がコーチングの仕事で多くの人の中に見出してきた「内なる番人」が、ガルウェイのいうセルフ1ということでしょう。

このセルフ1は、いわば外部から取り入れた意見や評価を反映させたものであって、もともと自分の声ではありません。この声は、物事がどうあるべきか、どのように取り組むべきか、どのようにコントロールすべきかを私たちに伝えます。この声が、私たち自身の中にある敵です。そして、この敵は、他のどんな敵よりも手強いことがあるのだそうです。

ガルウェイは、最初はテニスプレーヤーを対象とし、それからスキーヤー、ゴルファー、のちには音楽家も対象として、セルフ1の声を遮断し、セルフ2の能力を最大限に活かせるように取り組んできました。セルフ1が沈黙すれば、人はたやすく、大きな進歩とパフォーマンスを達成できるからです。

テニスに対する苦手意識

わずかな時間でテニスを学ぶなんて、私にもできるのでしょうか？　私が落ち着きなく足踏みしていると、ガルウェイが私にテニスについて知っていることはあるか、と尋ねました。

私は「あまりありません」と答えました。

すると彼は、「テニスは難しいと思っているかね？」と尋ねました。

私は心の中で答えました。はい、難しいと思っています。たくさんの人が難しくて、くたびれると説明してくれましたし、いわゆるテニス肘《ひじ》や、テニスによるその他のケガや健康上の障害についても聞きました。だから、あまり乗り気ではありません。

それに、テニスといえば気取った人々のスポーツというイメージがあったので、これまで習おうとも思いませんでした――。

すでに若いときから自分がテニス・マインドファックを育んでいたことに、今になって気づきました。私の「内なる番人」は、私がこれまでテニスに関わらないようにうまく仕向けていたということです。

けれど、ティモシー・ガルウェイに向かっては、こう言っただけでした。「難しいし、体力が必要だと思っています。それなのに、今はそれほどコンディションが良くありません」

このような言い訳は、コンサルタントとしての仕事の場面でよく目撃します。

ひと目見ただけで、困難な点を強調する経営陣。「男社会」で成功するのは結局のところ不可能だと気づいた女性たち。心のバリアを助長し、自分で自分のチャンスを限られたものにしてしまう危険や落とし穴については、すでにご承知の通りです。

しかし、ガルウェイと一緒にコートに立っていると、もっと別のことが私を悩ませました。コートの上で彼の指示が完全に理解できなかったらどうしよう？　まぬけなことをしてしまったらどうしよう？　他の人たちは私のことをどう思うだろう？　ここには上海やパリ、シドニー、イスタンブールなど世界中から同業者が集まっているのに。彼らが私の失敗を見たらどうなるのだろう？　ティモシー・ガルウェイの顔に泥を塗ってしまうのだろうか？

「内なる番人」の声

口の中が渇いてきました。

ガルウェイが他の人たちに向かって何を話しているかも、もう耳に入りません。

彼の声は温かく穏やかでした。それなのに私は、一歩も動いていないうちから息が苦しくなっていました。

私を極度に緊張させているのは、破滅型と評価型のマインドファックでした。スポーツ選手や芸術家を相手に仕事をしてきた長年の間に、ガルウェイはこれを何度も観察してきました。私たちは緊張し、不安を感じて小さく縮こまり、自分に語りかけて圧力を加えます。私たちの体はこの大きな圧力をやわらげることにかかりきりになります。

これでどうやって良いパフォーマンスを発揮しようというのでしょうか。

すでに見てきたように、マインドファックは、私たちが自分の快適ゾーンを離れたとき、何か新しいことをするとき、あるいは他の人々と関わるときに、とくによく現れます。

自分に自信がなくなるといつも、「内なる番人」が語りかけ始めます。

「お前の場所を離れるな」

「それ以上危険を冒すな」

「恥をさらすな」

「面倒を引き起こすな」

そんなメッセージを何度も叩き込もうとしているかのようです。経験したり学んだりしなければならないことがあると、番人はすぐに大きな赤い停止標識を私たちの鼻先に突き出すのです。それでもやってみた結果、身動きできなくなり、みじめな挫折を味わうこともあります。

すると「内なる番人」が言います。

「ほら見ろ！　言ったじゃないか。前からわかっていたはずだぞ」

まさに、自分の望みや考えと、そんなことをせず元のままでいろと主張をする無数の心の中の声との戦いです。また、前章で述べたように、いずれのケースでも、私たちは自分の実年齢に、あるいは生きている時代にもはや合っていない考え方まで後戻りしています。

興味を持つことの大切さ

5月の朝のロンドンで、私は、ティモシー・ガルウェイとのテニスのデモンストレーションに自分から応募したことを一瞬後悔しました。

「なんで応募なんてしたんだろう？」

ガルウェイは「内なる番人」の気をそらすことを勧めています。自分の注意を何か別の中立的なもの、ただし自分のパフォーマンスにとって重要なものに向けることができれば、うまくセルフ1を締め出して、本来の能力を十分なスペースで発揮することができます。

そのためには、思考を意識的にコントロールし、別のことに集中しなければなりません。きちんとコントロールできないと、「内なる番人」が再び主導権を握ってしまいます。

何か新しいことをするときや、他の人が自分を評価するかもしれないときはとくにそうです。

「内なる番人」が、私たちと周りを取り囲む他の人々との間の門番として立っています。それは、私たちを社会に合わせて修正し、条件づける声です。

この声は、個人としての自分を周囲の人々や社会に適合させるためにあります。今では自分の声のようですが、もともとはよそから来た声です。

「テニスのどこに興味がありますか？」

ティモシー・ガルウェイが私に尋ねました。

彼は私をやさしく見つめています。私は注目されていると感じました。彼は私と私の思考に興味を持ってくれている、と。私は本当のことを言いました。

「楽しそうだなと思います」

そう、本当に楽しそうです。

「それが一番大事です」

ガルウェイはそう言うと、他のコーチたちのほうを向きました。

「楽しそうだと思って好奇心を持つときには、十分に気持ちの準備ができています。学ぼうとする事柄に対する興味が必要なのです。興味がなければ、学ぶのは難しくなります。興味がないと、自分を妨害する危険性が高くなります」

ガルウェイから直接質問されて思い出したことがありました。若い頃、実際にテニスをやってみたいなという気になったことがあったのに、その後でさまざまな先入観や禁止が頭の中を占めてしまったのです。

心の壁ができる前には、好奇心に満ち、心がオープンな状態の貴重な瞬間があったということです。それが良いことかどうか、やってもいいかどうかなど考えていなくて、ただ、「やってみたらどんなだろう?」と思っていた瞬間です。

ガルウェイとのホッケー

ガルウェイは私をうれしそうに見つめると、私にテニスボールを渡し、ラケットを使ってボールで少し遊んでみてはどうかと言いました。

私はボールをバウンドさせ、ラケットのガットの上で何度か跳ね上げました。ボールはだんだん高く上がり、それから下に落ちました。私はボールを拾い上げました。

ガルウェイが言います。

「とにかく楽しめばいいんだ。ボールとラケットでどんなことができるか観察してごらん」

テニス場は静まり返っていました。聞こえるのは私の呼吸と、ボールが地面に当たるときのくぐもった音と、ラケットのガットに当たって跳ねる音だけでした。

私は、パンケーキを空中でひっくりかえそうとしているコックみたいに、跳ねるような足取りでコートを行ったり来たりし……いつの間にか笑っていました。

そう、本当に楽しくなったのです。ボールがラケットに当たらなくても、遠すぎるところへ打ってしまっても、そんなことはどうでもよくなりました。

ボールを拾い上げて、また最初から始めればいい。時間が止まっているような気がしました。そこにあるのは、自分とボールを打つ楽しさだけでした。私は「フロー」、つまり、最も心地良く、最も能力を発揮できる人間の状態として幸福研究者が名づけた状態に入っていました。

ガルウェイが私に、ホッケーを知っているかと尋ねました。

「私が君に向かってボールを転がすから、君はそれをホッケーみたいにラケットではじき返すんだよ」

私は好奇心をそそられて彼の言う通りにしました。私たちはあっちとこっちで地面の上のボールを打ち合います。楽しくなってきました。そこでガルウェイがゲームを中断して、ラケットを持ち上げてみんなに見せるように私に言いました。

すると、びっくりしたようなざわめきがテニス場に広がりました。私にはなぜだかわかりませんでした。でも、それもどうでもいいくらい、私はゲームを続けたいと思っていました。

練習の後で参加者のひとりが話してくれましたが、わずか5分のゲームの後、私はしっかりと、でもリラックスしてラケットを握っていて、昔ながらのテニス教室の生徒が何カ月も特訓した後のようだったというのです。

ガルウェイは、初めて自分で魚をつかまえた孫を見ているおじいさんのように微笑んでいました。それから、彼は私にボールを投げ、ボールが地面に触れたときにはいつも大きな声で「バウンド」と言い、私がラケットにボールを当てたときには「ヒット」と言うように言いました。そして、他のことは一切考えないように、と。

それで私は大きな声で「バウンド」と「ヒット」をくりかえしました。あまりに楽しいので、いつの間にかすっかりはしゃいでいました。「バウンド」「ヒット」と叫ぶのに一生懸命で気づいていませんでしたが、私はすべてのボールをラケットに当てていました。

気をそらす戦略が功を奏していました。私は、自分がうまくできるかどうか、誰かが見ているかどうか、すべて正しくやっているかどうかなど、一切考えていませんでした。その代わりに、ここで今、ボールを見つめ、ゲームをすることだけに集中していました。

それはとにかく楽しい経験でした。しかも、そうしているうちに、だんだん自信がついてきたのです。数分後、ガルウェイは自分のラケットで私にボールを送っていました。

私がそれに気づいたのは、長いラリーの中盤になってからでした。

私は、あのティモシー・ガルウェイとテニスをしていたのです。

「とにかく楽しめばいい」

ガルウェイは私に、ネットの反対側に行って、これまでとまったく同じようにしてくれないかと言いました。私は引き続き「バウンド」「ヒット」と叫びながら、ボールを簡単にネットの向こう側に打ち返しました。

私の中の何かが、自分がリラックスして軽快に動いていること、足が地面の上を跳ねていること、ラケットを大きく後ろへ引くのがスムーズになったことを感じていました。

ガルウェイはときどき、私が内側から外側へ向けて打ち返すように、または外側から内側へ向けて打ち返すように送球してきました。その場に居合わせたテニスプレーヤーが後で話してくれたところによると、私は、数年とは言わないまでも、数カ月はトレーニングをしたかのようにフォアハンドとバックハンドを使っていたということでした。

ガルウェイは「とにかくゲームを楽しみなさい」と言っただけなのに……。

私はうれしさのあまりくすくす笑い始めました。

そのうち、ボールをより強く打ち返せるようになり、自分の動きが速くなったことに気づきました。ボールがネットにかかると、ゲームを続けるために少しでも早くボールを拾おうとしました。ラリーはどんどん長くなっていきます。

私は再び「フロー」状態になり、ティモシー・ガルウェイとテニスをしていることもすっかり忘れていました。そこにあるのは、私とボールとラケット、楽しさと、私の呼吸だけでした。ガルウェイがデモンストレーションを終えたときに初めて、私は自分がどれだけ息を切らせているかに気づきました。私は幸せで、ずっとニコニコしていました。そしてネット際まで行くと、まるで前々からテニスをしていたかのように、彼と握手をしました。そして、すばらしい体験をさせてもらったことのお礼を言いました。その間、周囲では大きな長い拍手が続き、私の同僚たちは信じられないといった顔をしていました。

それは奇跡でした。けれど、人間の潜在能力からすると、まったく〝普通の奇跡〟です。これが、私たちが自分を妨害しなければ起こること。マインドファックを呼び起こさなければ経験できることです。潜在能力を発揮しさえすれば、自分の人生にも――人間関係にも、仕事にも起こることです。

心のシステム転換への道

マインドファックの原因と影響をまじめに考えるならば、すでに構築された自分の思考世界を少し改善するぐらいでは間に合いません。頭の中のシステムをがらりと転換する必要があります。新しい考え方を学ばなければならないのです。

マインドファックは、平和的に共存する相手としてはあまりにも強力です。

誰だって、絶え間なく自分で自分を妨害しながら生きるわけにはいきません。

マインドファックは、私たちが自分の人生を「フロー」状態にするのを妨げます。

生活の質を高めようとするたびに、マインドファックが足払いをかけてくるのです。

どんなふうに自分を励まそうが、何を決心しようが、突破口が近づくと、いつも「内なる番人」が声高に反対する。そのような状態では、短期的な小さい変化ぐらいなら達成できるかもしれませんが、大きな目標は達成できず、心に何度も同じダメージを負うはめになります。

「内なる番人」が監視しているせいで、いつまでたっても「幸福ゾーン」との間に横たわる境界線を越えられず、可能性に満ちた世界へたどり着くこともできません。

ガルウェイは、内なる対話を遮断してセルフ1を沈黙させるよう勧めていますが、私はもっと重要なことがあると思っています。

このテーマに何年も取り組んできて、私は次のような結論に到達しました。

セルフ1、すなわち「内なる番人」は、沈黙させるより新しく方向づけるほうがいいということです。つまり、内なる対話を終わらせるのではなく、対話の質を大幅に向上させるのです。

そのためには、まず、自分と外の世界との関係を認識し直さなければいけません。

自分を妨害するのをやめて、今いる場所を確認し、本当の力を発揮できるようにするのです。

それが、「頭の中のシステム転換」です。これをすれば、今のあなたが本来あるべき姿を取り戻せるはずです。

では、このシステム転換は、どのようなタイミングで可能になるのでしょう？

「新しい力が十分に強くなり、古いものを乗り越える気分になったときにはいつでも」

これが答えです。

社会が大転換を果たすときでも、始まりはごく小さな徴候にすぎません。

何となく世の中の雰囲気が変わる。人々が新しいことを考えるようになる。そのうち、考えを同じくする人たちが集まり始め、最後には国全体を倒壊させるまでの運動になる……。

私たち自身の内面でもまったく同じです。

いつも同じ単調な歩みを続ける気がなくなったとき。いつも同じ結果になることにうんざりしたとき。充実したより良い人生を強く望むようになったとき……。

そのとき、新しい始まりへの力を持った何かが私たちの中に育っているのです。

生まれつき持っている2つの能力

私たちは、このシステム転換に必要な2つの能力を、生まれながらにして持っています。

どちらもとても強力なので、しっかりと意識して活用すれば、人生を変えることだってできます。私たち人間は、過去数百年の間に、この能力を使う習慣をなくしてしまいました。

けれど、人生の中で困難に直面したときには、次に挙げる2つの能力を再発見し、使うことが大切なのです。

▼責任を引き受ける力

そのうちのひとつは、「大人の思考モードに切り替えて、自分の考えや行動の責任を引き受ける能力」です。これまでに見てきたように、これは、私たちの誰もが取り戻さなければならない能力です。権威も国家も他人もマインドファックも、私たちからこの力を奪うことはできません。21世紀を生きる私たちは、コントロールされるのではなく、自分で自分をコントロールしなければならないのです。

大人の視点に切り替えるということは、自分に厳しくしなければならないという意味ではありません。自分自身の力を正しく認識し、無力を嘆いたり、過大な要求ばかりしたりする習慣から自分を解放することです。

成熟してバランスのとれた、自分自身の「大人の自我状態」の中には、誰でも大きな潜在能力が眠っています。人生で遭遇するすべてのことに適切に対応できる能力です。

この能力はぜひとも掘り出すべき宝です。また、ここでいう責任とは、自分を批判するための新しいやり方ではなく、ある状況や問題に対してどのように行動するかを、自由に、自主的に決めることができるのだという確信です。大人であるということは、自分と自分の人生の責任を引き受け、そこから決断をし、行動に移すということです。

▼注意力

2つめの能力は、注意力。つまり、集中し、焦点を合わせる能力です。しっかりと意識を集中することができれば、私たちの学習能力は、最大限の力を発揮します。

自由でオープンな気持ちのまま集中していれば、私たちの心と体は本当の奇跡を成し遂げることができます。ですから、自分が何に取り組みたいのか、どこに注意を向けるべきなのかを常に意識的に決める必要があります。

自分自身に聞いてみてください。

このまま自分の不安や障害にかかずらっていたいのか、それとも、人生の目標に取り組みたいのか。いつも望みがかなわないのはどうしてかと理由を考え続けるのか、望みを実現するためにしなければならないことに集中するのか。

少しずつ考え方を改善する

注意力を向けるべきところに向けず、自分の時間の多くを無意識にすごしていると、「内なる番人」が声を上げ、人生をコントロールする力を奪ってしまうかもしれません。そして、「内なる番人」が古い考えとつながっている限り、新たなマインドファックが起こります。

ですから、本章ではまず、自己妨害を自分なりの手段で終わらせる方法を手に入れましょう。それから、私たちが自分の〝お気に入りのマインドファック〟を置いて前進したら、その先で待っているのはどんな世界かを考えます。

自己妨害をやめれば、人として成長して、「宝物」を掘り起こし、本当の自分を見出すことができるでしょう。

しかも、それだけではありません。マインドファックが沈黙すれば、先入観がなくなり、そのぶん新たなスペースが生まれます。それが、私が「新しい思考」と呼ぶものへの突破口です。

この新しい思考が、人生をより良くするチャンスをつくり出してくれるのです。

そのためには、「内なる番人」も、今のままでいることはできません。学び直さなければならないのです。今日の世界について改めて番人に説明し、正しい方向を指し示してくれるよう、「アップデート」する必要があります。

「内なる番人」に新たな方向を伝えることができたなら、マインドファックの原因のひとつ、「古い思考パターン」を取り除けたことになります。さらに必要なのは、子ども時代の思考に逆戻りしてしまったときの方策です。これは、言い換えれば「外面だけでなく、内面的にも、できるだけ今の時代の大人、21世紀の大人でいようとする」ということです。

しかし、そんなことが簡単にできるのでしょうか？　マインドファックが私たちの子ども時代に由来していたり、家族を通じて社会的に伝えられてきたものであったりしたとして、新しい考え方を身につけることなど、そもそも可能なのでしょうか。心の袋小路から抜け出し、数十年来引きずってきた〝思考のゴミ〟を手放すことはできるのでしょうか。

答えは、「可能」です。

私たちは、それまで信じていたことが間違いだったとわかれば、それを変え、新たに学ぶことができます。大人としての人生においては、いつでも自分を新しい状況に置くことができます。マインドファックの言いなりになるのではなく、再び自分自身の主《あるじ》になれるのです。

これは単なる夢物語ではありません。

私のコーチとしての仕事が、毎日のようにそれを証明してくれます。

そもそも、自己妨害について理解しようとこれだけの時間を費やしているというのは、相当ストレスがたまり、本気で状況を変えるべきときが来ているということでしょう。

それでも、マインドファックを終わらせ、自分の思考を新しく方向づけることが冒険であることに変わりはありません。探検家のように、自分の思考の中を進んでいくことになります。散歩のように気軽にはいきません。鉈《なた》を使って原始林を切り開こうとするようなものです。

不信、疑問、ためらい……。

いたるところに危険が待ち受けています。古い考え方による抵抗です。

でも、こうした抵抗が発生するのも当然でしょう。

古い考え方は、自分の使命が終わったことを知らないのですから。

新たな思考、新たな生活を手に入れたいのなら、決然として、勇敢に突き進まなければいけません。「新たな次元の幸福」という目標を見失わず、一歩一歩進み続けましょう。

メタ視点の力

では、どうすれば新たな考え方を身につけられるのでしょう。

私たちは、自分の思考や内なる対話の中にとらわれているのではないのでしょうか？

いいえ、大丈夫です。実は、自分が考えている様子を自分で観察することもできます。

この本を読んでいるあなたを、あなた自身が3メートル離れたところから観察している様子を想像してみてください。頭上の雲の上から観察するのもいいでしょう。

私たちの心は、さまざまな視点をシミュレートすることができます。実際にはあり得ないことも、心の中でイメージできるのです。

その瞬間、あなたは第三者の立場、いわゆるメタ視点をとっています。これができれば、考えごとをしているときにも自分を観察できます。

自分が今、何をどのように考えているのかを、第三者の立場、メタ視点から認識することができるのです。これは、誰もが生まれながらに持っている能力です。

この能力を使えば、自分の内なる対話を客観的に見て、介入できます。マインドファックモードのときに、自分が自分自身に対してどんな意地悪なことを言うか、そして、自分がそれをどのように感じているかを、外から観察できます。そして、「内なる番人」と自分自身を、やさしく、しかし断固として方向転換させられるのです。

そのためにはまず、第一歩を踏み出さなければなりません。

第一歩、それは、「決断」することです。

最初に決断あり

私がコーチとして体系的にマインドファックというテーマと向き合うようになる前の数年間、クライアントからときどきこう言われました。

「こんなふうに考えるのはバカげてるってわかってるんです。でもどうしようもないんです」

これは、あなたが何年も英語を習っているのに、車を〝ｃａｒ《カー》〟ではなく〝ｈｏｕｓｅ《ハウス》（家）〟と言っているようなものです。

では、自分の間違いに気づいたら、あなたはどうしますか？

間違っていると知りつつ、頑《かたく》なに車を「ハウス」と呼び続けるでしょうか。

おそらくそうはしないでしょう。すぐに認識を改めて、もう二度と車を「家」とは言わないはずです。

大半の人が自己妨害の悪影響を理解したときも同じです。

彼らは自己妨害をやめます。マインドファックがどんなものなのかを知ることで、マインドファックを認識し、シャットアウトしようとします。

ところが、違う反応を示す人もいます。

そのまま、車を「ハウス」と呼び続ける人もいるのです。その人自身にとっては、車を何と呼ぼうが、どうでもいいのかもしれません。

けれど、周囲に対してもその間違った言葉を使い続けたら、いったいどうなるでしょうか？

特定の考えや確信が自分を妨害しているとわかっていながらマインドファックを続ける場合も、これと同じです。自分の人生に関わる破壊的な影響を軽んじて、何とか漫然とやっていけると考えるなんて、ナンセンスに思えるかもしれません。

けれど、もちろんあり得ることです。

自分の人生や潜在能力についてまじめに考えること、人生を通して何かすばらしいものを世界にもたらすこと、それを私たちに強要できる人など、世界のどこにもいません。

私たちには、変化する自由があるのと同じように、たとえ制約があろうと、「安全」だと感じられるゾーンに留まる自由もあるのです。厳しく監視された幸福ゾーンで小さな改善を試みることはできますし、何度も方向を変えたり、新しいモチベーションを探したりしながら、これまでと同じように生きていくこともできます。

ただ、この場合、私たちは大事な能力のうちのひとつを使わないと決めていることになります。つまり、自分の人生と可能性について、責任を引き受けないということです。

これは大人であることを拒否している、ということになるでしょう。

人生からもっと多くのものを得たいと思いながら、古い感情パターンから逃れられないというのも、マインドファックのひとつです。自分の思考をコントロールすることをあきらめて、未熟な「子ども」の自我状態に戻ってしまっているのです。

けれど、心が健全な人なら誰でも、意識して間違いを正すことができるはず。

困難な状況に直面して、またマインドファックの引き金を引いてしまい、自己妨害が起こっても、そのときにはまた、新たな経験をもとに古いパターンに上書きすればいいのです。

自分の人生をおろそかにしない

本気で人生を良くしたいのなら、人生について真剣に考え、自己妨害へといたる思考パターンに対処するしかありません。そして、〝思考のゴミ〟が、これから先もくりかえし私たちを過去へ引き戻すであろうことを理解していなければなりません。

今の社会において、マインドファックは成功などもたらしません。また、生活の質を上げてもくれません。私たちの先祖が生きた権威主義の時代、または自分自身の無力な子ども時代に由来するパラレルワールドは、私たちの思考において、もはや何の意味もありません。消えてなくなるべきものなのです。

ですから、まずはマインドファックモードの思考や行動を、とうの昔に過ぎ去った時代の意見がこだましているだけのものだと判断することが不可欠です。

絶えず評価したり、不信感を抱いたり、自分を信用しなかったり、過小評価したり、自分に過剰な圧力をかけたり、厳格なルールで縛りつけたり、高揚して過大評価したり……。

これらすべての思考習慣は、今日では、嫌な思い以外の何ものももたらしません。

ストレスとなり、自分自身にも、周囲の人にもダメージを与えます。けれど、メタ視点をとることで、私たちはきっぱりとした「決断」を下すことができます。

自分の人生にマインドファックはもう受け入れないと決断したら、自己妨害を察知し、ダメージを受けないうちに取り去る力を身につけましょう。

簡単にいくこともあれば、いくつかのトリックを必要とすることもあります（このトリックも、自分の心を自分のために使えば、苦もなくできることです）。

言葉を間違えても簡単に訂正できるように、破壊的な思い込みも、新しい思考へと変えることができます。誰もが、思考の大転換をすることができるのです。

思考している自分を観察する

マインドファックの存在に気づき、それが害だと感じたときには、すぐに遮断できます。

それこそ、自己妨害をやめる最も簡単な方法です。

子どもが一度渋い野イチゴを食べたら、もう食べようとはしないように、マインドファックの不快な影響を理解すれば、それを早々にやめられます。

いつも驚かされることですが、どんな頑固なマインドファックでも、自分の力であっという間に終わらせることができます。しかし、自分を妨害していることに気づいているのにそのまま放置していると、その思考パターンが強まってしまいます。

また、自己妨害をしている自分をけなすのもいけません。

ある女性のクライアントが相談に訪れたとき、彼女は何分間も「自分のバカさ加減」に憤っていました。くだらない考えをやめることができないというのです。

いつ、どこでその思考パターンに陥ったか、彼女は几帳面に書き留めていました。

「これを見ると、私のバカさ加減にみんなあぜんとするはずです」

彼女は勢い込んでそう言いました。

彼女は評価型マインドファックによって、自分の別のマインドファックを罰していたのです。

これではもちろん、自分の思考パターンを遮断するどころか、そこに引っかかって先へ進めなくなってしまいます。

こういうときの一番の解決法は、ひたすら好奇心を持って、思考している自分を観察することです。注意深く、ただし、評価はせずに。

思考のジャングルの中の勇敢な探検家のように、ただ好奇心を持って観察するのです。「ああ、また彼が現れた。何か新しいことが近づいてくると、いつも出てくる破滅型マインドファックだ」とか、「ああ、また自分に圧力をかけている。職務を果たさなければならないと考えているからだ。そんなふうにする必要はまったくないのに」といった具合です。

ことさらコメントしようとせず、他の人のマインドファックを観察することも役に立ちます。朝、駅や街頭の新聞売場に立ち寄れば、ナンセンスな思考を観察する機会はいくらでもあります。「新型インフルエンザで数百万人死亡?」とか「アルツハイマーの恐怖」といった見出しは典型的な例です。

また、たとえば政治家が互いに攻撃し合ったり、不信の種をまいたり、知ったかぶりをしたり、不安をあおったりする様子を観察するのもおもしろいはず。

議会での抗争も、見方を変えれば、マインドファックです。でも、たいていの場合、わざわざ遠くを探す必要はありません。クライアントの多くが、自分の人生を良くしようと決断したときの友人やパートナー、知り合いの反応について聞かせてくれます。

「どうぞ、いつまでも夢を見ていればいいわ」

「頭がおかしいんじゃないの？　自分を何様だと思ってるんだよ」

「他の人ならできるかもしれないけど。お前が？」

こんな調子です。

それなら、新しい思考の伝道師として走り回り、他の人々の誤りを正すべきでしょうか？

もちろん、そんな必要はありません。

そんなことをしても、新たなマインドファックになるだけでしょう。

それよりも役に立つのは、自己妨害のパターンを認識し、その内容を、過去から来た時代遅れの意見として分類することです。

それらはもう、現実にはそぐわないので、深刻にとらえる必要はありません。

私たちが自分の人生から退場させようとしている、大昔の古い知り合いにすぎないのです。

ナンセンスな思考も認める

マインドファックを認識する感覚を研ぎ澄ませるには、ユーモアと、自分や周囲の人に対する寛容さが役に立ちます。

自己妨害を受け入れ続ける寛容さではありません。妨害を、新たな評価型マインドファックのきっかけにしないための寛容さです。

ナンセンスな思考をそのまま認識し、意識的に別の方向へ誘導すればいいのです。「評価」することを考えず、物事に集中すれば、大きな変化をもたらすことができます。

私たちは、すばらしい才能を持った学習者だということを忘れてはいけません。

自己妨害のしくみを注意深く観察すればするほど、マインドファックに陥ることは少なくなり、新しいものへの視野が開けてきます。そうすれば、よりたくさんのことを学び、今の時代にふさわしい考え方ができるようになるでしょう。

さらに、すぐに現れるマインドファックを終わらせる方法は他にもあります。

心の中で「ストップ！」と叫ぶ

ティモシー・ガルウェイは、必要なときにマインドファックを素早く止める方法を編み出しました。たとえば、心の状態があまり良くないときには、こういった方法が大いに役立ちます。夜、眠れないままベッドで横になっていると、マインドファックだとわかっているにもかかわらず、自分を激しく責める声が聞こえてくることがあります。

テレビで不幸なニュースや残虐な映画を長く見たときにも、似たようなことが起こります。ある特定の状況に直面すると、どうしても自己妨害が起こってしまうという人もいます。クライアントの中には、能力を試されるような状況になるたび（たとえば、両親や尊敬すべき相手がそばにいるとき、または、複雑な感情を抱いている相手がそばにいるときなど）、自分の思考にとらわれているように感じるという人もいます。試験、スピーチ、診察などで同じ経験をしたことのある人もいるでしょう。

そんなときは、心の中で次のようにやってみてください。

望ましくない思考が浮かんできたらすぐに、心の中で「ストップ！」と叫ぶのです。大きな声を想像してみてください。実際に声に出してもいいでしょう。なるべく強く言うのがコツです。そうすると、思考が自然に止まるのがわかるはずです。しかも、いったん止まるとなかなか戻ってきません。

こうすれば、妨害的な思考と距離をとることができます。最初は長話を無理やりやめさせたかのような空白に違和感を覚えるかもしれませんが、心の中は静かになっているはず。その静けさを楽しんでもいいですし、今、襲ってきたのがどのマインドファックだったか考えてみるのもいいと思います。「内なる番人」の声は、無視しましょう。

この章の後ろで紹介するテクニックを使って、番人の声を修正することもできます。

マインドファックを無視する

破壊的な思考に陥ったら、それが心の自己妨害だと認識する——。

それだけで、この作業の大部分は終わりです。

「内なる番人」がささやきかける声は無視し、そのまま前へ突き進みましょう。次から次へとマインドファックが襲いかかってくるような場合、このテクニックがとくに有効です。

しばらく前に、本を書くことを夢見ていた女性のコーチングをしたことがあります。

雑多な〝思考のゴミ〟が、彼女の妨げになっていました。

彼女はこんなふうに考えていました。

「どうして、よりによって本を書こうなんて思ったの？　世の中にはすでに本があふれかえっているじゃないの。それなのにあんたが本を書きたいなんて！　そもそもあんたに書くべきことなんてあるの？」

これを評価型マインドファックに分類した私は、彼女にこう頼みました。

「この種の考えがまた現れたら、とにかく無視してください。〝本を書く〟というテーマに取り組み続けてください」

すると彼女は思考に邪魔されなくなり、本のコンセプトを練り始めました。

しばらくすると、次の妨害思考が現れました。

「さあ、腰を据えて取りかかれ。無からは何も生まれないぞ。最低8時間はぶっ通しで書かなきゃダメだ。少なくとも10ページは書き上げないと、今日1日がムダになるぞ」

正真正銘の強制型マインドファックです。

彼女はこれを認識して正しく分類し、再びリラックスすることができました。

すると間もなく、過剰モチベーション型マインドファックが近づいてきました。

これは、評価型や強制型といった自分をののしるマインドファックでも、私たちの変わろうとする意志に影響を与えないことがわかると、進んで現れます。そして自分に圧力をかけます。

「ワーオ、本当に天才的だわ。ベストセラーは間違いなしだ！　これを成し遂げたら、毎日成功の喜びにひたっていられる。がんばれ！」

この自己妨害のせいで、彼女は自分でも理由がわからないまま、書くことを中断してしまいました。なぜ、よりによって「フロー」状態のときに、執筆というすばらしい過程から引っ張り出されてしまったのか、彼女にはわかりませんでした。気分をポジティブに操作することは、モチベーションを高める作用があるはずだと思っていたからです。

しかし、すでに見てきたように、過剰モチベーション型マインドファックは、他のマインドファックと同じ破壊的な影響を及ぼすのです。彼女はこの思考も無視して書き続け、やっと最後の試練にたどり着きました。

原稿を書き終えたとき、彼女はすべてを読み直して、こう思いました。

「ああ、恥ずかしい。これはひどいわ。こんなもの、誰が読むの？　自分を買いかぶるにもほどがある！」

評価型マインドファックのときに出てくるこのフレーズは、作家なら誰でも知っているでしょう。そこから立ち直るにはそれなりの時間がかかります。

ただし、うまく自己妨害のタイプを特定し、それを無視して前進できれば話は別です。

こうして、彼女は本を完成させました。夢がかなったのです。

マインドファックを克服するというのは、勇気を持ってそれを直視するということ。

それを後ろ向きの思考パターンだと見破り、メッセージを信じないことです。

そして「大人の自我状態」に戻ること。自分を過小評価して不安を抱かせるような見方は、もはや今の時代には合わず、古くさく不適当なものなのだということをはっきりさせることが重要です。また、自分が自分を妨害しているのを認め、反撃に出ることもできます。

マインドファックを建設的に結びつける

マインドファックをただ無視するのではなく、別の建設的な認識と結びつけるという方法もあります。

自己妨害のタイプを認識し、それを何か新しいものと結びつけるというのは、太極拳や柔道の技のようなものです。エネルギーを受け入れ、それを自分の利益のために変換するのです。

大事な試験を控えているのに、心の声が自分を攻撃していると仮定してみましょう。

「100パーセント失敗だ。これでみんなに私が見かけ倒しだとわかってしまう」

あなたはこれが自己妨害だと気づいているのですが、もしかするとこの言葉が真実なのかもしれないと、まだ恐れています。

そんなときは、問題を受け入れて、こんなふうに言ってみましょう。

「そう、私は今、自分を妨害していることに気づいている。それでも私はこの試験に集中して取り組む」

マインドファックと反対のことを主張するわけではありません。反対の主張をすると、過剰モチベーション型マインドファックを招き、身動きがとれなくなる可能性があります。

自分は〝思考のゴミ〟のループの中にいるのだと認めた上で、それでも集中できるし、集中するのだと自分に言い聞かせることが大事なのです。それ以上でも以下でもありません。「内なる番人」の声は、私たちの集中を妨げます。

この声に気づいたときは、指示を無視して、それまでと同じように続けること。

本を書いているときだけでなく、仕事、スポーツ、人との交流、セックス、健康を意識した食事、片づけや家事など、何をしているときでも同じです。

心の中にバックミラーを置いて、自分の思考を映し出し、思考の質を確認する習慣をつけておけば、いつでも集中し直し、永続的に集中できる力がつくようになります。

何に取り組んでいるかに関係なく、それまでの何倍も力を発揮できるようになるでしょう。注意力を高めると、学習能力も遂行能力も最大限にまでアップするのです。

ティモシー・ガルウェイのような名コーチと呼ばれる人たちは、選手を評価することは考えず、彼らに目標を意識して注意力を養う訓練をさせます。

妨害的な思考に気をそらされることなく集中すれば、どれほど困難な課題でも、あっという間に克服できるのです。

スポーツ選手に当てはまることは、私たちみんなに当てはまります。リラックスした気分で興味のあるものに集中しているとき、私たちの脳はとくに素早く神経細胞を結合させます。

これが「フロー」状態です。

そこに強い印象を残す体験が加われば、経験したことをより速く、より深く、長期記憶の中に取り込むことが可能になります。つまり、マインドファックがなければ、気分が良くなるだけでなく、潜在能力を活かし、能力をぐんと高めることができるのです。

身体感覚に切り替える

マインドファックに対抗する手段として「自分の体に集中する」という方法もあります。

これを「ストップ！」と言った後の静寂の中で使うこともできます。

コーチングだけでなく、精神療法や瞑想法、リラクゼーション法でも、破壊的思考、妨害的思考が起こったときには、注意力を身体感覚に向けることが勧められています。

なぜでしょうか？

それは、人間が同時に2つの身体感覚に集中しながら考え続けることができないからです。

ここに人間の限界があるのですが、この限界も目的のために利用することができるのです。

マインドファックを止めるエクササイズ

妨害的な思考を認識したものの、そこから逃れられないときには、吸う息、吐く息に注意を向けてみましょう。

たとえばあなたが「今日はまた、きっとひどいことになる」と考えていると仮定しましょう。このマインドファックに気づいたら、すぐに自分の呼吸に意識を向けてください。自分の呼吸に集中したら、地面につけた自分の足の感覚に注意を払います。立っていても、歩いていても、座っていても構いません。地面に足がしっかり接していることを感じてください。横たわっている場合には、背中やお腹が何かにしっかり乗っていることを感じてください。そして第3のステップで、呼吸に意識を向けると同時に、足、お腹、背中が地面や台に接していることに集中します。すると、思考のループに留まることはもはやできなくなります。

このエクササイズは、まるで小さな奇跡です。2つの異なる身体感覚に集中することでマインドファックを止めることができるのです。10秒でも10分でも構いません。とにかく、このエクササイズをしさえすれば、邪魔になる思考を中断して、リラックス状態に戻ることができます。再び、「今、ここ」に確かに集中することができるのです。

アメリカの心理学者スタンレー・H・ブロックは、負担となる思考から身体感覚に切り替えるこのテクニックを「ブリッジング」と呼びました。このエクササイズをすると、頭の中の「恐怖の部屋」から現実へ戻る橋をかけることができるからです。

さらにブロックは、自分の身体感覚を細かに感じられない状況にあるときには、着ている服をさわって、布地がどんな感じかに意識を向けてもいいと言います。目が粗いか、柔らかいか。スベスベしているか、しっかりしているか。どの応急措置も、すぐに効き目を発揮し、心を解き放ってくれるでしょう。

アメリカ人のバイロン・ケイティは、そのときにいる部屋の中や周囲を見回し、自分が安全で万事良好だと確認することを勧めています。

破滅型マインドファックに陥って不安になっているときにはとくに、自分の体を地面につけること、何かの物体を感じること、そして自分の周囲の安全をきちんと観察することが、応急措置としてとても効果的です。

マインドファックを克服するにあたって、自分の体は友であり協力者なのです。良くない考えが浮かぶと体が緊張してしまいますが、評価をせず、ただ注意力を体に向ければ、破壊的な思考に歯止めをかけて再びリラックスできるはず。体がリラックスしていれば、緊張しているときよりもいい考えが浮かびやすくなります。

思考のオアシスで気をそらせる

自分の中に〝思考のオアシス〟を持っていると、マインドファックに陥ったときの助けになります。空想の力を活用するのです。

思考のオアシスとは、自分が引きこもりたいと思う場所のこと。

妨害的思考から逃れたいときには、そんな場所を思い浮かべてみましょう。

たとえば、私の思考のオアシスは、子どもの頃からのお気に入りである、南チロルの散歩道です。気をそらせたいとき、私はこの道を細部にいたるまで思い描きます。

そうして、カーブを曲がるたびに見えてくる眺めを楽しみにしながら、頭の中で、てくてくと歩いてみるのです。

美しい庭園を頭の中で歩くという人もいます。あるいは、ヨットでの航行、南仏の木陰のテラス、その他の何か好ましいことを想像する人もいます。

この場合も、全神経をできるだけ集中して想像すると、それだけ効果がアップします。

そこはどんな匂いがするのか？　暖かいのか涼しいのか？　そよ風が吹いているか？　どんな天気か？　鳥はさえずっているか？　ハチがブンブン飛んでいるか？　何が聞こえるか？

ここでも五感を働かせ、身体の助けを借りて妨害的な思考から気をそらすのです。

視点を変えて別の方向を見る

他の人たちと一緒にいると、マインドファックに襲われると訴える人も多くいます。

とくに「スモールトーク（軽いおしゃべりや世間話）」が苦手な人は、しばしばコーチングのときに次のような経験を語ります。

「知らない人とおしゃべりをしなければならないようなとき、実に不快な考えが頭をよぎります。他の人が自分を観察し、評価していると思い込んでしまうのです。そして、自分も同じように、自分を観察して評価するのです。すると顔が真っ赤になって、汗をかき始めることもあります。まったくひどいです」

自分を妨害しているとき、私たちは自分自身を観察し、自分自身のことばかり考えています。

では、この〝思考のゴミ〟を捨て去るには、どのような策が効くでしょう？

それは、視点を変え、他の人に集中することです。

内気な人にお勧めなのは、ためらわずに他の人々の中に入っていき、彼らに関心を持つことです。ちょっと練習するだけで、驚くような結果が得られます。

他の人がどのように動いているか、何をしているか、いったい誰かなど、そうしたことを考えた途端、私たちの思考は自分の周りをめぐることはできなくなります。

さらに、他の人からの共感も得られます。今の時代、注意力は貴重な財産だからです。

他人に興味を持つ人は、自分のことばかりにかまけている人や、自慢をしたり、自己卑下したりする人よりも、はるかにポジティブに受け入れられます。

逆に、あまりにも外部のことが気になり、他の人々の気分や要求を聞いてばかりいる場合にも、同じ視点転換の戦略が役立ちます。

こちらの場合、自分自身に集中するのです。たとえば、自分の身体感覚に注意を向ける。あるいは、自分の周りの状況が今どうなっているか、このいまいましい状況から抜け出すと人生はどうなるか、何をしたいか、などを考えることもできます。

このように、意識的に別のことを考えることで、再び自分との接点を得ることができます。

ある女性クライアントから、上司に腹を立てたとき、足を踏みならしてオフィスを行ったり来たりし、頭の中で思い切り悪態をつくことがある、という話を聞いたことがあります。

私は彼女に、次にそんなことがあったら、怒っている自分を外から観察しているところを想像してみてください、と言いました。

次のコーチングのとき、彼女は怒りの発作が起こったときに自分を観察する想像をしたら、大きな声で笑い出してしまったこと、そしてすぐに気持ちが落ち着いたことを話してくれました。

また、彼女は、これからは自分が地団駄を踏む様子を眺める代わりに、上司と直接、問題について話し合うようにしたいとも言いました。

それは誰の問題なのか？

バイロン・ケイティはまた、本来自分には関係ないことや、自分ではどうすることもできない事柄について気をもんでいるときに役立つ質問を考え出しました。

たとえば、2つのまったく違う状況を思い浮かべてみてください。

▼第1の状況

あなたの女友達のひとりが、これまで彼女を苦しめてばかりいた男性とよりを戻そうとしています。あなたはすっかり憤慨しています。さて、そこで質問です。

それは誰の問題ですか？　あなた自身の問題ですか？　あなたの友達の問題ですか？

あるいは、神や宇宙の問題でしょうか？

……あなたの友達が誰と会うかは、もちろんその友達の問題です。あなたはリラックスして、自分の1日をどんな素敵なことをしてすごすか考えればいいのです。きっと、すぐに友達からワクワクするような話を聞くことができるでしょう。

▼第2の状況

次の例では、状況はまったく違います。

あなたは自然に給料が上がらなかったことに腹を立てています。

それは誰の問題でしょうか？　あなたの問題ですか？　上司の問題ですか？

それとも宇宙の問題ですか？

……給料が上がるように働きかけるのは、あなたの問題です。「子どもの自我状態」から抜け出て、大人の人生を生きましょう。賃金交渉の準備をし、勇気を持って実行に移しましょう。


自分が引き起こしたわけではない物事についても、もちろん肩入れしたり憤慨したりすることはあります。たとえば、２０１０年のハイチ大地震のような自然災害が起こるたび、人助けのために力を尽くす人は大勢います。

しかし、日常の共同生活の中では、その関心が真の社会参加への欲求から出ているのか、それとも、自己否定型または破滅型のマインドファックなのかをチェックすべきです。

助けたいという気持ちが自己否定や自己傷害につながったり、それどころかいわゆる「ヘルパー症候群」にまで高まったりすると、自分の貴重な人生の時間を費やすには不釣り合いな戦いをすることになります。

ただし、バランスのとれた、他者と自己への本物の思いやりは、自分や周囲の人の生活の質を高めてくれます。ティモシー・ガルウェイも、誰が決めるべき問題なのかを自問するよう勧めています。

数年前、私は、息子が危険の多い警察の特殊部隊にどうしても入りたがっているという女性のコーチングをしました。彼女は私のところへ来て、息子が特殊部隊に入らないようにするにはどうしたらいいかと言いました。

息子はちょうど18歳になったばかり。法的には、自分で決断できる年齢でした。

私は、特殊部隊に入るか入らないかは誰が決めることですか、と彼女に尋ねました。

もちろん、それは彼女の息子の問題であり、彼が決めることです。

その後、私は彼女に、あなた自身が決めるべきことは何だと思いますかと尋ねました。

彼女は考えた末、結論に到達しました。

「私は、自分がそれにどう対応するかを決めます」

彼女はこの問題から、つかんでいたものを手放し、危険な仕事をするという息子の決断と向き合う方法を見つけなければならないと学びました。興味深いことに、彼女が抵抗をあきらめると、息子は自分からもっと危険の少ない別の警察部隊に入隊することを決めたのでした。

マインドファックの多くは、コントロールできないものをコントロールしなければならないと考えることによって起こります。あるいはその反対に、本来自分がコントロールしなければならないものをコントロールしないことによって起こる場合もあります。

たとえば自分の健康に自分で何の影響も及ぼせないと思い込むのも、明らかにマインドファックです。そんなときは、自分自身に対しても、健康な生活を送ることに対しても、責任を引き受ける必要はないし、責任を引き受けることもできないと考えてしまいがちです。

原因は、「子どもの自我状態」にスリップしているせいか、時代遅れの古い確信に従っていることにあるはずです。

避けることと探すこと

どんな人とすごすかは、健康に大きく関わる問題です。

心の健康に関して言えば、マインドファックに陥りにくい人、または、マインドファックをできるだけ制御できている人とつきあうのが賢明です。これは、「草地は避けろ。ブナの木を探せ」という、雷雨のときの昔ながらの忠告に少し似ています。

自分は心の自己妨害に陥りやすいと思っているなら、勇気を奪い、マインドファックをたきつける人ではなく、自分を元気づけてくれるような人とつきあいましょう。

過剰モチベーション型マインドファックに傾きがちな人は、過剰にモチベーションを高めていなくてもいい相手との関係を育むのが良策です。たいていの場合、私たちは、友人や知人、同僚の誰がどんなタイプのマインドファックに傾きやすいかを本能的に知っています。

もちろん、同じようなマインドファック傾向を持つ2人が出会うということも、よくあります。誰しも皮肉ばかり言う人に会ったことがあるでしょう。けれど、職場の雰囲気の悪さや嫌な上司、人間関係、世界の不幸などなど、2人の人が競い合うように文句を言っていたらどうでしょうか。

本人たちは波長が合っていると感じるかもしれません。しかし、よくよく見ると、2人の人生の流れは下向きになっています。

では、自分で周囲の人間を選ぶことなんてできるのか、という反論があるかもしれません。

私はできると思っています。それどころか、新しい生活、より良い生活の質を求めているなら、つきあう相手を選ぶのは必要なことです。私たちは、自分の時間を誰とどのようにすごすかを決めることができます。

過去数百年間はごくわずかな人にしかできませんでした。しかし、今では、自分の優先順位を決めるのは自分なのです。それは、時間やモチベーションが足りなくても食生活を変えられるか、あるいは運動を始められるかといった問題と変わりません。

ただし、意識的で成熟した、大人の決断が必要です。絶えず過小評価されたり、圧力をかけられたりする環境に留まるのは、排気ガスの充満したところに居続けるようなものです。

自分の生息地を見つける

しだいに認識されるようになってきたことですが、人間はアマガエルよりはるかに敏感です。当然ながら、私たちは動物たちの生息地をできるだけ損なわないように努めています。しかし、自分自身についてはどうでしょうか？

人間は他のどんな生き物よりも学ぶのが早く、有利な生活条件も不利な生活条件も自分の中に反映し、受け入れ、その結果、環境に合わせて自分を変化させたり、思い切り能力を発揮したりします。ですから、自分のいる場所に気を配ること、自分とどのようにつきあい、他人とどのようにつきあうかに注意することは、とても大事なのです。

私たち自身のためにも、環境保護が必要です。あなたが成長できるのはどんな環境なのか、あなたを後ろへ呼び戻すのではなく元気づけてくれるのは誰なのかに心を配りましょう。

専門的なケアが必要な場合もある

さまざまな抑鬱的自己妨害のもつれの中にはまり込んでいて、どんなマインドファック対抗策をもってしても、そこから抜け出せないと感じているときは、専門的な心理療法が有効です。長期にわたって自分の力が発揮できないでいる場合には、催眠療法士、または不安神経症や強迫観念、強迫行為を専門とする医師や療法士があなたを助けて、先に進ませてくれます。

自分の思考を自分でコントロールできないと感じるとき、パニックや、その他の深刻な身体障害、知覚障害が起きたときは、まず療法士に相談しましょう。

あなたが再び元気に仕事ができるようになり、専門的スパーリングパートナーと一緒に新しい視点を模索したいと思うようになったときは、コーチがお手伝いをします。

私が紹介したテクニックや方策は、あなたが自分で取り組むことのできる選択肢のひとつです。急激に襲いかかってきたマインドファックを止めるときにも有効ですし、ある種の予防法としても役立ちます。それどころか、もっと多くのことも達成できるのです。

どんなときにマインドファックが起きるか

自己妨害的な〝思考のゴミ〟のない世界を見つけるのは、やりがいのあることです。その世界は、私たちが害になる思考習慣を変え、新しいものを学ぶ気になったとき、つまり思考のシステム転換をしたときに、どれだけの可能性があるかを示してくれます。

私は多くのクライアントに、自己診断のためにマインドファック日記をつけるよう勧めています。どんな状況のとき、どんな妨害的思考パターンが活発化したかを記録するのです。

そこには次のような質問も含まれます。

自己妨害のきっかけがあったか？　誰がそこにいたか？　それが始まる前、どんな気分になったか？　どの段階でマインドファックが引き起こされたか？

こうした項目を記録しておけば、どのような状況のときにとくにマインドファックの危険性が高まるか、心のパラレルワールドの「内なる番人」が、人生について本当はどう考えているかを理解することができます。

きっと、興味深いことがわかってくるはずです。

たとえば、オフィスに足を踏み入れるたびにマインドファックに陥るのなら、その問題をさらに追究すべきです。

仕事が問題を引き起こしているのか？　それとも周囲の環境なのか？　問題を引き起こす特定の仕事がある、あるいは特定の同僚がいるのか？　個人として成長するための次の一歩を踏み出すべきときなのか、あるいは我慢して働き続けるべきときなのか？

同じことは、長年苦労している人間関係や、良くない生活習慣にも言えます。

抑鬱的な思考パターンと攻撃的な思考パターン

自分が抑鬱的なマインドファックに傾きやすいか、攻撃的なマインドファックに傾きやすいかを観察することも大切です。

あなたの心の中のもうひとりの自分が、厳しい家庭教師や軍曹を思い起こさせるか、あるいは過大な要求をされた無力な子どもを思い起こさせるかを考えてみてください。

区別をしやすくするために、ひとつの例を示しましょう。

あなたがエジプトへの休暇旅行を予約したところ、突然、２０１１年の春に起こったような政治的騒乱（エジプト革命）が起こったと仮定しましょう。

ひとつめは、抑鬱的な思考パターンです。

「嫌だなぁ。何か起こったらどうしよう。出国できなくなったらどうしよう。何が起こってもおかしくない。でも、言葉すらわからない。もっとひどいことが起きるかもしれない。私にはとても無理だ。さて、どうしたらいいのだろう。予約をキャンセルできなかったらどうしよう」

２つめは、攻撃的な思考パターンです。

「よりによってエジプト旅行を予約するなんて、お前はなんてバカなんだろう。よく考えてから行動すべきだったのに。困ったことになった。予約を変更できたとしてもきっと高くなるだろう。まさかこんなことになるとは。せっかく休暇をとるチャンスだったのに台なしだ！」

最初のケースでは、泣き言を言い、心の中で助けを求めています。

２つめのケースでは、ののしったり批判したりして、自分を見下しています。

重要なヒントは声の調子だけでなく、呼びかけ方にもあります。

頭の中で、自分に対して「お前は」とか「人は」といった言い方をしているときは、たいてい、叱責する「親の自我状態」で自分に向き合っています。

古い考え方の典型例です。

ただ、「親の自我状態」は「私」という形で話すこともあります。

たとえば、「私はなんてバカなんだろう」というような言い方です。このような場合も、私たちはすでに心の中の「親の自我状態」の判断を共有し、自分を子ども扱いしています。

ですから、この場合は「大人の自我」に戻って、状況を正しく判断し、具体的な代替行動を探しましょう。自分を過小評価するのではなく、具体的な問題点を突き止め、建設的に取り組めばいいのです。

旅行をキャンセルするか、それとも延期するか？　安く予約変更するにはどうすればいいか？　別の目的地の候補はあるか？　損失を補うために旅行会社は何を提供してくれるか？

そのことを明らかにするために具体的に何をすればいいのか？

自分が無視されているとか、不当な扱いを受けていると感じたときにどのように行動するか。それも自分のマインドファックの傾向を理解するヒントになります。

あなたはどちらかと言えば、すぐに弁護士を雇って威嚇《いかく》したり、他の人を問い詰めたり、頭ごなしに叱りつけたりするほうですか？

あるいは、すべてを飲み込んで、怒りをじっと抑えつけ、せいぜい不平を言うか、後から他の人に愚痴をこぼすだけというタイプですか？

対決しようとしますか、あるいはかわそうとしますか？

どんな些細なトラブルにも腹を立てたり攻撃的になったりしますか？　それとも、侮辱されたり、不当に扱われたりした場合でも、なお「ありがとう」と言いますか？

どちらも極端な例ですが、攻撃性のレベルがあまりに高いと、周囲の人から恐れられることになり不信や反感を招きます。それではもちろん友達はできません。

互いに対等に語り合い、協調しなければならない新しい時代において、過剰な攻撃性は役に立ちませんし、有益でもありません。それどころか実に厄介なのです。

自分と「和解」する

攻撃的な心の対話によって自分の内面生活が支配されている場合、自分と和解することが重要です。私たちは、過剰な評価や、自分と他人に対する白か黒かの意見、そしてそこから生じる圧力がどこから来るのかを探る力を身につけることができます。

自分と他人を適切に評価し、それにふさわしい行動をとる能力は、可能性に満ちた時代を生きる、バランスのとれた大人の能力の一部です。

私たちは、リラックスして人生の「フロー」状態を楽しんでいいのです。

エネルギーが足りなくなる心配はありません。

これまで、心の硬直や葛藤に費やしてきたエネルギーを、自分にとって本当に大事な計画のために使えばいいのです。

人生の冬眠状態から目覚める

では、抑鬱的な言葉で自分を引き下げているときは、何が問題なのでしょうか？

学習課題は何でしょう？

大切なのは、自分を信じて人生に向き合うこと、新しい経験に対してオープンになること、安全と自由を感じながら、しっかりと力を発揮することです。

抑鬱的な思考習慣からもたらされる、いわゆる「緩和ポーズ」は、もともと医学の分野の概念で、たとえば、腕のケガがすっかり治った後でもその腕を使おうとしない、またはごく慎重にしか使わないようなことを指しています。

これと同じことが思考の世界でも起こります。頭の中の快適ゾーンからしだいに離れなくなり、だんだんと一種の冬眠状態に入ってしまうのです。

このことは、一見「もっともらしい理由」を前面に押し出して、人生を消極的な待ちの姿勢ですごしているときも同じです。

「私はこれほど長くこの仕事でがんばってきた。今さら変えても意味がない」といった言葉をときどき耳にします。まるで、間違った決断でも持続時間が長ければ、それをそのまま続けることが正当化されるかのようです。

人生の冬眠状態から目覚め、再び自分で歩み始めたとき、私たちは驚くほどすばらしい気分になります。

私たちは、再び人生の上で自分を磨き始めます。その摩擦は熱を生み出します。

その熱こそ、より多くを楽しみ、より多くを達成するのを助けるエネルギーとなるのです。

自分を妨害するからリラックスできない

読者のみなさんの声が聞こえるような気がします。

「もちろん、もっとリラックスしていたいし、もっと自信を持ちたい。でも、どうやって？」

もっともな疑問ですし、その答えはとても重要です。

これまで私たちは、リラックスしていないから、あるいは自信がないからマインドファックに陥るのだとお話ししてきました。

しかし、実際はその逆。自己を妨害するから、リラックスできず、自信がないのです。

マインドファックを終わらせると、潜在能力を発揮できるようになります。

つまり、マインドファックは自己評価の問題の結果ではなく、原因なのです。自分を妨害しないようにする習慣がつけば、あなたの本来の能力は再び十分に発揮されます。

「リラックスしなきゃ」などと考えなくても、おのずとリラックスできるようになるでしょう。

こうした経験が増えれば増えるほど、新たな生き方が深く意識に刻み込まれます。

かつての自分がいかに緊張し、いかに臆病だったか、いずれ笑いながら思い出せるようになります。

本来の能力を再発見する

人前で話をしなければならない人のコーチングをすることがよくあります。

私自身、専門的なスピーチをすることが多いので、彼らの心の負担はとてもよくわかります。

「私は話下手なのです」

あるとき、ひとりのクライアントがこう言いました。

彼はある大企業の新社長でした。話を聞くと、学校時代に嫌な経験をしていたことがわかりました。彼が研究発表をした後、教師がこう言ったのです。

「君は数字には強いが、話は下手だね」

でも、その教師は思い違いをしていたのです。実は、すべての人が話せるのです。

うまく話せないのは、自分を妨害しているときだけ。

私のクライアントも自分なりのやり方で自分を妨害していました。講演会場に足を踏み入れるといつも、彼はこう考えていたのです。

「私は話が下手だ。それなのに今は話さなければならない」

すると、ますます緊張が高まります。それが圧力となって、彼の声は窮屈で押し殺したようになります。

さらに、自分にはスピーチをする能力がないと思っているので、彼はすべてのスピーチ原稿を他の人に書かせていました。

それでは、決して彼自身の話しぶりに合ったスピーチにはなりません。彼は、押し殺した声で他の人のテキストを読み上げ、そのたびに自分は話下手だと強く感じてきたのです。

そして、その原因は、彼が数十年前に学校で受けた評価型マインドファックだったのです。

私たちは、彼の心をそのコメントから解放することに取り組みました。

まず、思慮深い「大人の自我状態」に意識的に移行し、次のように考えてもらいました。

「私には言うべきことがある。私はすべての人と同じように、うまく話すことを学ぶことができる」

次のステップでは、彼の学習能力を活性化させ、彼自身の自然な話しぶりを引き出すために、注意をどこに向ければいいかに取り組みました。

私は彼に、こんな質問をしてみました。

「次の話の中であなたがとくに興味があるのはどの部分ですか」

「講演内容について、奥さんや子どもさんにどのように説明しますか」

その後、彼は聴衆が何に関心を持つだろうかと考えました。

こうして生まれたのが、人柄のにじむ、すばらしい講演でした。

イキイキとして、彼自身が好きなエピソードや講演内容がふんだんに盛り込まれていました。

講演台に向かう途中も、講演台に立ってからも、彼は、自分や自分の能力のことではなく、これから話すことに集中していました。自分の考えを他の人々と分かち合えることはすばらしい特権なのだということに集中したのです。

さらに、講演中は、意識的に心を外へ向けました。

聴衆の顔を見つめて、視線を交わすようにしました。

彼は「あるテーマについて人前で語った」のではなく、「大勢の人に向けて語った」のです。

こうして、緊張して他人のテキストを読み上げていた人が、本物の話し手になったのでした。

さて、次は最終章です。

どうすれば「より良い人生」を得られるのか、深く掘り下げてみましょう。

第5章

Chapter5

理想の人生を手に入れる

マインドファックを克服すると見えてくるもの

前章では、マインドファックから自由になるためのヒントをいくつかご紹介しました。本章では、どうすれば「理想の人生」を手に入れられるのかを考えてみたいと思います。第2章で7つのタイプのマインドファックをご紹介しました。これらは、いずれも特定の潜在能力と個人の可能性を閉じ込めてしまうものです。

ここでは、あなたが最も頻繁に陥る自己妨害のタイプはどれかを考えてみてください。それがわかれば、ここまでに紹介してきた学びの扉を開く鍵を手に入れられるだけでなく、マインドファックを終わらせたときに何が得られるか、何を取り戻せるかもわかってきます。

▼破滅型マインドファック

「私たちは安全ではない」「生命を脅かされている」と脅すマインドファックです。この思考習慣が身につくと、自分の人生や活力に対する信頼を失ってしまいます。この思考習慣をやめれば、心理的にも感情的にも安定するばかりか、「生き残りをかけて戦う必要などなく、ここは安全なのだ」と思えるようになるでしょう。

▼自己否定型マインドファック

大人としての自尊心という貴重な宝を私たちから奪うマインドファックです。

自分を過小評価したり、他人を優先して自分の関心や欲求を後回しにしたりすると、それだけ、自尊心や自分ならできるという信頼感など、いわゆる自己効力感が小さくなります。

あるクライアントは、自分の人生に対する印象を次のように表現しました。

「自分の人生の中に自分がまったく存在していないように思うことがあります」

自己否定型マインドファックを終わらせれば、長らく欠けていた自尊心がよみがえり、それは日ごとに強さを増すでしょう。

▼強制型マインドファック

強いストレスの原因になるマインドファックです。

この習慣をやめれば、重荷から解放されます。誰もが、自分の能力の範囲内でできることをすればいい。何かを成し遂げてもいいし、成し遂げなくてもいいのです。

どちらにしろ、死ぬことなどないのですから。

このマインドファックから自由になった瞬間から、リラックスした、本当の人生が始まります。良い結果を出すための「フロー」状態にも入れるようになるでしょう。

▼評価型マインドファック

このマインドファックによって、私たちは、自分の存在を「条件」と結びつけます。能力、美しさ、地位などの条件です。

条件と結びつけるのをやめれば、無条件で存在していいのだという、解放的でリラックスした気分になれるでしょう。

自分の人生は自分のもの。

私たちは、何かを成し遂げずとも、ただ存在していいのです。

やがて、自然な自信もついてくるでしょう。

▼ルール型マインドファック

このマインドファックは、私たちの人生を厳格な計画に従わせます。

けれど、その向こう側では、自由と冒険が、発見されるときを待っています。

このマインドファックから逃れることができれば、柔軟性と活力が身につき、知ったかぶりをすることなく、くつろいだ幸せな気持ちを維持しながら成功を収めることができるでしょう。

▼不信型マインドファック

不必要に人を遠ざけ、私たちを孤独にするマインドファックです。
これをやめれば、他者を信頼し、真の人間関係が築けるようになります。
私たちは孤独な存在ではありません。
互いに結びつき、思いやりながら生きているのです。

▼過剰モチベーション型マインドファック

このマインドファックに突き動かされていると、高揚と意気消沈の間を絶えず行ったり来たりするはめになります。私たちは、その中間の場所であるがままに人生を受け入れて、初めて真の力とカリスマ性を得ることができます。そこで初めてバランスのとれた大人として生きられるようになるでしょう。

たとえ失敗することがあっても、再び立ち上がり、大きなことを成し遂げられるはずです。

マインドファックの向こう側には何が？

こうして見ると、さまざまな個性の人間がいるのがよくわかります。マインドファックのジャングルから逃れられさえすれば、私たちはみな、すばらしい可能性を秘めています。
私たちは、自信を持ってそれぞれの人生を生きる、リラックスして力強い大人です。

自分が人生の課題にうまく対処できるとわかっているので、先入観なく、好奇心を持って、冒険に乗り出すことができます。

自分の欲求や目標がわかっていて、好ましく確かなやり方でそれを追求することができます。

安心感、信頼感、自己責任能力、自尊心、良好な関係を築く能力。これらは、私たちの誰もが持っている、そして自己妨害をやめれば再び活発化させることができる能力のうち、ほんの一部にすぎません。

あまりにすばらしくて嘘みたいでしょうか？

確かに、ほんのちょっと取り繕ったぐらいでは、この境地には到達できません。

古いシステムから逃れ、本当の意味でのシステムの転換が起きたときに、初めて新たな経験によって古い学習パターンを書き換えることが可能になるのです。

心のシステム転換

マインドファックを封じれば、私たちは新しい人生を進む上で必要な中間目標を達成したことになります。

絶え間ない自己妨害をやめるのは、すばらしいことです。

しかし、さらにすばらしいのは、知性を巧みに、かつ建設的に活用することです。

私たちの知性はひとつの奇跡です。

うまく使えば、多くのことを達成できます。

妨害をやめるのは最初の一歩です。２つめの大きな一歩は、私たちより前の世代では誰も考えようとしなかった仕方で考えることです。

私たちは、新しい世紀の条件のもとで自分の知性を活用できる最初の世代です。

マインドファックを終わらせたいのなら、２つの新たな決断をしなければなりません。

ひとつめは、バランスのとれた、成熟した「大人の自我状態」で考えること、また、それによって自分の考えと行動に責任を持つことです。

もうひとつは、状況に応じて、自分の注意力をどこに向けるかを決めることです。

この２つの思考方法こそが、人生の可能性を広げるための真の秘密であり、鍵なのです。

以下に示す質問は、どんな場面でも強力な自己コーチングツールとなります。

・バランスのとれた「大人の自我状態」でこの状況を見たとき、何を考え、何をするだろうか？

今、取り組んでいる問題に関して、自分はどんな責任を引き受けるだろうか？

・自分の注意力をどこに向けるか？　何に集中するか？

私たちは常に、より良くしたい、もしくは新たに学びたいものの「重要な変数」「重要な成功要因」に注意力を向けるべきです。

ティモシー・ガルウェイにテニスを教わったとき、彼は私にボールに集中するように言いました。それがテニスをする上で重要な変数であることは明らかでしょう。

会話をするときには、私たちが集中すべきは話し相手です。注意を集中すれば、学習能力が大幅に高まり、持てる力を存分に発揮できます。

あなたが自分には何の能力もないと思っている場合には、またもやマインドファックモードになっています。もう一度、一歩戻って自己妨害を分析し、新しい視点に立ってみましょう。

では、自分の思考を大きく改善したいとき、重要な変数は何でしょうか?

自分の思考を内側から変えたいとき、私たちはまず、すべての注意力と集中力を、「内なる番人」に向けなくてはなりません。

「内なる番人」をリセットする

最初のステップでは、まず「内なる番人」をリセットすることが重要です。

これまで見てきたように、「内なる番人」は、自分と周囲の世界との〝ちょうつがい〟です。

そして、これからもそうです。

なぜなら、私たちには、「自分」と「自分の行動」と「自分の周囲で起きたこと」を観察し、適切な結論を導き出すための視点が引き続き必要だからです。

このような視点がなければ、私たちは自分のことしか考えない機械のように一直線に進み続けることになり、おそらく長生きできないでしょう。外の世界では、いつかどこかで停止標識にぶつかるものだからです。

停止標識は、法律に違反すれば警察の姿で現れますし、健康を損なうようなことをしたら病気の形で現れます。また、自分の行動の結果を正しく判断しなければ、事故の形で現れることもあります。

自分自身や自分の行動を頭の中で世の中に関連づけることができなければ、きわめて軽はずみな行動をとるはめになるということです。

幸いにも、「内なる番人」の声という機能は、私たちに生物学的に備わっているシステムの一部です。

頭の中で観察し評価するという機能自体は、きわめて重要なものです。

ただ、その観察や評価が間違った評価システムに基づいて行われたときには、問題になります。それは、これまでの章でも見てきました。

時代が移り変わるにつれて、世の中も私たち自身も変化しました。

使い古された評価基準は、今や妨げでしかありません。

前世紀までは、「内なる番人」こそが、私たちの心の中の評価や観察のよりどころでした。この番人が、外部の世界の厳しい評価システムを私たちの中に反映させ、それをきちんと守っているかどうかを監視していました。そのような形によってのみ、私たちの祖先は、今より何倍も権威主義的で階級的な「上と下」の世界で安全に活動することができました。

かつて、ほとんどの人は、他者の支配下で生きていました。ですから、生き延びるためには、他人の評価システムを自分の中に取り込むしかなかったのです。

外部コントロールから自己コントロールへ

これまで見てきたように、私たちは今、かなり安全で自由な社会に生きています。

ここは、自分でコントロールできる社会、自分でコントロールしなければならない社会です。したがって、古くなった他人の評価システムは、ここでは困難をもたらすだけ。自分自身と外の世界を観察し、そこから結論を導き出すための新しい評価システムが必要です。

今や、他の人のためによく働くというだけではなく、自分の要求と外の世界からの要求との折り合いをつけることが重要なのです。

これは、あらゆる思考と行動を「他の人ではなく自分」というモットーに合わせるような、

「AかBか」という対立的思考の新たなバージョンではありません。

重要なのは、健全な「AもBも」という考え方です。「自分も他の人も」という原則に従って生きることです。

今や、外の世界や他人の期待に合わせるのではなく、自分自身の意志ですべてを決めるべき時代なのです。

これが、私たち21世紀の人間が心の中で乗り越えなければならないシステム転換です。外部にコントロールされる人生から、本当の自己コントロールへの一歩を踏み出さなければならないのです。

これからは、他の人の衝動にばかり反応するのではなくて、心をオープンにし、自分の衝動に従って積極的になる必要があります。そうして、消極的な人生を積極的な人生に変えていかなければなりません。

番人のためのアップデート

そのためには、「内なる番人」のアップデートが必要です。

番人には、私たちを外の世界と関連づけるという使命があるので、良い人生を送りたければ、「今日の世界では何が必要なのか」を番人がわかっていなければなりません。

勝手な原則をつくって、番人に教え込めばいいというわけではありません。

番人が基礎とする原則は、「今の時代に合っていること」。これが不可欠です。「内なる番人」のアップデートとは、好きなように「プログラムし直す」ことや、「私は美しい、私はすばらしい、私は無敵だ、私が望めば何でもできる」といった現実離れした主張や約束をすることではありません。そうした手法は、私の見解では、過剰モチベーション型マインドファック以外の何ものでもありません。

重要なのは、私たちが今、どんな世界に生きているか、目の前にはどんな可能性が広がっているかについて、時代に則した視点を持つことです。それはぜひとも必要なことです。

ここで、生産的で時代に合った提案をいくつかします。

あなたにとっては明々白々なことかもしれません。でも、あなたの「内なる番人」の世界ではまだそうではありません。

ですから、あなたが頻繁に陥るマインドファックに関係する記述は、とくに注意して読んでみてください。

▼命令と服従

あなたは今や命令する必要も、服従する必要もありません。

他のすべての人と同じように、自己実現と、充実したすばらしい人生を目指す権利を有しています。それはあなたの内なる対話についても言えることです。

命令的、服従的な口調で話すのをやめ、親しい友人同士が語らうように、興味を持って、オープンに、正直に、やさしく自分と対話しましょう。

▼不安

今、社会はこれまでになく安全です。私たちは今までのどの世代よりも長生きするでしょう。十分な食べ物と快適な住まいがあり、かつてなかったほどの技術水準の恩恵を受けています。不安と衰退のシナリオに直面したときは、不安をあおるのは人々を思い通りに動かそうとする支配者のテクニックだということを思い出してください。

そして、自分がどんなときに不安に駆られて本来の望みや意図に反する行動をとってしまうのかを気をつけて見てみましょう。

▼破滅

今、あなた個人が破滅を経験する可能性は、かつてないほど、そして世界のどこよりも低いのです。破滅型マインドファックが出てきそうになったら、このことを意識してください。

世の中や政治の世界がどれほど不当であっても、あなたはこの瞬間、地球上の大多数の人より安全なのです。

▼尊厳の毀損

あなたは踏みつけにされたり虐げられたりして働く農奴ではありません。尊厳を認められ、それにふさわしい待遇を受ける権利を持っています。それは自分自身に対するときも同じです。自分と対話するときの口調や言葉の選び方に注意しましょう。

悪態をついて自分を傷つけたり、過小評価したりするぐらい、たいしたことではない？

そんなことはありません。

それはあなたが生きていく上での心の状態を表しているからです。あなたのその態度は、過去の世代のものです。幸いなことに、今は時代が違います。

▼無力

あなたは大人です。そしていつでも大人としてふるまうことができます。自分を小さく見せる必要もなければ、自分の関心や望みのために他人を抑えつける必要もありません。

必ずしもすべてを達成できるわけではないかもしれませんが、これまであなたが考えていたよりはるかに多くのことを達成できるはずです。

あなたは無力ではありません。

全能でもありませんが、あらゆる可能性を持っています。また、人生を自力で形づくり、解決策を見つけるために必要な助けを求めることもできます。

▼自分への圧力

人生の目標を達成するために、自分を苦しめたり、自分に圧力をかけたりする必要はありません。集中し、かつリラックスしていれば、もっと多くのことを達成できます。せわしなく動き回っているときより、静かに集中しているときのほうが、力を出せるのです。圧力がないと何もしないのではないかという心配は無用です。自分に常に何かを強要することをやめても、怠けているわけではないのです。

▼安全に対する不安

安全な人生を送る立派な人であるために、何でもかんでも知っている必要はありません。

あなたの人生はすでに安全です。そして、良い人々とつきあっていれば、常に尊敬されます。

▼不完全さ

間違いを犯すのは、何か新しいことにチャレンジした証。生きている証なのです。完璧なのは死者だけです。

〝perfect（完璧な）〟という言葉は、ラテン語で「完了した」という意味の言葉から来ています。生きている限り、私たちはまだ終わっていないのです。

▼愚痴

愚痴を言うより、できることを楽しみましょう。あなたには、人生を自分で切り開き、より良いものにする多くの可能性があるのですから。

愚痴を言うことにではなく、人生を楽しみ、先へ進むためにエネルギーを使いましょう。

▼評価

自分に対しても他人に対しても、過大評価や過小評価をしないようにしましょう。

評価は圧力を生みます。圧力は緊張をもたらします。

緊張していると潜在能力のすべてを発揮することができません。

あなたの価値は絶対のものであり、どんな仕事を成し遂げようと、あるいは成し遂げなくても、関係ないのです。

評価をすれば、自分を妨害し、自分にとって本当に大事なことを達成するのを妨げることになるだけです。

▼自己犠牲

あなたには、幸せな人生を送ろうとする自由があります。あなたが女性でも男性でも関係ありません。あなたの能力を犠牲にして生きる権利など、他の誰にもありません。他の人のために自分を犠牲にするのは意味がありませんし、世界を良くすることでもありません。

あなたが自分や自分の可能性を放棄すれば、そのぶん世界は貧しくなります。あなたがあらゆる可能性を活かせば、世界はより豊かになるのです。

▼他人からの評判

他人の許可を求めるよりも、本当の自分を示し、チャンスをつかむことが大事です。

今日では、一度評判を落としたところで、それほど悪いことは起こりません。

たとえ他の人から嫌われるかもしれなくても、自分らしさを貫いたほうが、好ましい人生、あるいはさらに良い人生を送ることができます。自分を周囲に合わせたところで、良い人生を送れるとは限りません。

むしろ、まったくその逆です。人生というビュッフェからあなたが必要なもの、ほしいものをとり、必要なときには周囲の人と話し合いましょう。

▼前世代のルール
あなたは、あなたより前の世代のどんな人よりも自由です。

どんなモラルやルールが自分にとって正しいかを決めるのはあなたです。たいていの事柄は、あえてこれまでとはまったく違う方法でやることもできます。現在の法的、社会的枠組みは、個人的な、充実した人生を送るのに十分な広がりを持っています。

▼思考
あなたの思考は、あなたの生活の質と、チャンスや可能性に対するまなざしに大きな影響を及ぼし、決断を大きく左右します。

けれど、あなたの思考は全能ではありません。ネガティブな考え方をしているのに良い経験をすることもありますし、ポジティブな考え方をしているのに悪い経験をすることもあります。

大切なのは、何が起こっても適切に、かつ自分にとってプラスになるようにする術を学ぶことです。

▼個人の欲求

自分の立場で決断すると、鼻持ちならない自己中心主義者になるのではないか？

そんな心配は必要ありません。

そうした考えは、個人の正当な欲求に対する過小評価でしかありません。

人間は数百年にわたって個人的な欲求を抑えつけられてきました。空腹な人と満腹な人ではどちらが容易に自分の食べ物を分けることができるでしょうか。

あなたがまず自分の人生を気にかけ、心の平和を大切にしていれば、他の人が助けを必要としたときに、思いきり力を貸せるようになります。

社会的行動の第一歩として、まずは自分を大切にしてください。

私たちは、自分自身を扱うのと同じように他の人を扱うからです。

これらの提案と、徹底的に向き合ってみてください。

一見するとわかりきったことのように思えるかもしれません。しかし、読者のみなさんはもう、マインドファックの力を知っています。

ですから、これらはどれも自明のものとは言えず、きちんと咀嚼《そしゃく》する必要があるとわかっているはずです。この新しい提案を自分のものにしようと心がければ、自分に何が必要か、これまで以上に気にかけられるようになるでしょう。

妥協しそうになったり、不必要に控えめになったり、自分にストレスをかけたり、不安になったりしたときには、いつもこれらの言葉を思い出して、より良い決断をしてください。

いったん土台をつくってしまえば、私たちはこれからも「内なる番人」とうまくつきあっていけるはずです。

私たちは今、生きているこの時代に合った言葉で自分と対話すべきなのです。

魔法の言葉〝ａｎｄ〟

マインドファックに陥ると極端な考え方をするというのは、すでに見てきた通りです。良いか悪いか、正しいのか間違っているのか、私か他人かなど、「ＡかＢか」という考え方です。

これは、古い世界の考え方です。新しい世界には、その中間のスペースがあります。

その違いは、私たちが自己と対話するときの言葉にも表れます。

古い世界では、〝ｏｒ（あるいは）〟が使われていましたが、代わりに〝ａｎｄ（〜も）〟を使うだけで、まったく新しい考え方がもたらされるのです。

良いことと悪いこと、正しいことと間違っていること、私と他人。これが人生です。

人生には、さまざまな要素が同時に存在しています。

「良いことだけ」でも「悪いことだけ」でもありません。

今日の社会は、もはや「上」から「下」へ垂直に動いているのではなく、垂直にも水平にも、同時に両方向に動いています。

今や世界は網の目のように結びついていて、多くの異なる中心点があり、その点はどれも同じように重要です。私たちの思考もそうあるべきです。

極端な思考から解放されれば、人生の真実がどんどん明らかになるでしょう。体で感じることもできます。

物事を〝ｏｒ〟ではなく〝ａｎｄ〟で結びつけようとすると、リラックスして生きることができます。しかも、この新しいアプローチによって可能になるのはそれだけではありません。

これまでまったく不可能だと思われていた新たな目標も達成できるのです。

成功することもリラックスすることも同時にできたら、どうなるでしょうか？

すごいキャリアとすばらしい恋愛関係を手に入れることができたらどうでしょう？

あるいは、もっと日常的なテーマを例にとって、あなたが痩せたいと思っていると仮定しましょう。スリムになるとともに、食事や人生ももっと楽しめるとしたらどうでしょうか？

自由と安心感を同時に与えてくれる人間関係を築けたら？

仕事で自分を抑えなければならないときもあるけれど、同時に大きな喜びも得られるとわかったらどう感じるでしょうか？

満足のいくキャリアと子どもとの生活を両立できるとしたら？

満たされた関係や家庭生活を楽しむことに加えて、自分のための時間を持つこともできたら、どれだけ多くのものを得られるでしょうか？

古い考え方ではどちらかひとつしかできません。

成功かリラックスか、お金か幸せか、スリムになるか食べるか、自由か安心か、喜びを感じるか自分を抑えるか。

「AかBか」という極端な考えは、自分で自分に課す最大の制約のひとつです。けれど、「AとB」または「AもBも」で考えれば、私たちの生活の質や可能性は爆発的に広がるのです。

「作家になってお金持ちになる」は可能？

クライアントの多くが「前に進めない」と言いますが、それは彼らが「AかBか」の罠で自分を妨げているからです。

何年も前に若い女性作家が私のもとを訪れました。

彼女の頭の中ではすでに小説ができあがっているのですが、まだ、実際の作品にはなっていませんでした。

彼女のマインドファックはこう言っていました。

「まともなことをしてお金を稼ぐか、貧しい作家になるかどちらかだ」

そこで私たちは〝ａｎｄ〟という言葉を使って試してみました。

私は彼女に尋ねました。

「あなたは作家になる、そして、それによってお金も稼ぐとしたらどうでしょう？」

クライアントはびっくりしました。そんなふうには考えたこともなかったからです。

もちろん、たくさん稼いでいる作家はいます。でも彼女自身は？

彼女は、自分が稼げる作家になれるなんて、一度も思ったことがありませんでした。

「でも、そうなれるでしょうか？」

彼女は困惑した様子で尋ねました。私はこう答えました。

「今はまだです。でも、そうなるかどうかを大きく左右するのは、あなた自身です」

それが最初の一歩でした。

ケーキをひと口食べて満足するのではなく、全部食べてもいいのです。

私たちはこうして、小説を書くかお金を稼ぐかというルール型マインドファックを骨抜きにしました。さらに、「他の人は両方手に入れる資格があるかもしれないが、自分にはない」という評価型マインドファックに逆らって、クライアントは、小説を書くことも、それによってお金持ちになることも自分に許すことにしました。

小説を書いて貧乏になるか、小説を書かないで金持ちになるかの選択では、当然ながら無気力と停滞に陥るだけだからです。

次のステップで大切なのは、すばらしいと感じられるこの新しい目標に対して、大人の態度をとることでした。

「子どもの自我状態」では、私たちはすぐにすべてを達成しようとして、それができないと挫折感を味わい、自分は無力だと感じます。

一方、大人であれば、リラックスしてこう言うことができるでしょう。

「まだ目標は達成していない。でも、これから達成するために、あらゆることを自分の力でやることができる」

このような大人の視点に立ってこそ、実行に移す方法を考えることができます。ですから、この必要不可欠な下準備が終わって初めて、私はクライアントに、具体的にどのようにすれば計画をより良く実行に移せるかをアドバイスしました。そして彼女はそれをやり遂げました。

別のクライアントは、会社を離れることに葛藤を抱えていました。彼はそこで過ごした楽しい年月について会社に感謝していました。しかし、会社を離れ、新しい、ワクワクするような可能性を探すべきときが来たと気づいたのです。

「ＡかＢか」の罠は、彼にこんなふうに告げていました。

「キャリアアップしようとすれば、私は恩知らずになってしまう。でも、会社に忠誠を示せば、私は飛躍できない」

彼は乗り越えられないジレンマの中にいると感じていました。

私たちは魔法の言葉〝ａｎｄ〟を使ってみました。

「私は元の会社に感謝している。そして《ａｎｄ》、私はさらに飛躍する」

彼はこれをもっともだと感じ、やましい気持ちにならずに退社し、新たな熱意を持って新しい仕事を始めることができました。自分にとって正しいことをすべきだと気づいたからです。

〝ａｎｄ〟という言葉は、現代を生きる私たちの思考や気分にふさわしいものです。人の考えや感情がはっきりしていることは非常にまれです。考えや感情にあいまいさがない場合は、片づけるべき問題がないということです。そういうときは、感情と理性と意志が一致している中で、将来に向かって進むことができます。しかし私たちは、混沌とした心と向き合っていることのほうがはるかに多いのです。

成長過程がまさにそうです。古い考えは、まだそこにある。でも、新しい考えもすでにあって、古い考えを置いていこうとしています。

〝ａｎｄ〟という言葉は、成長するために必要な橋なのです。捨て去るのが、やっかいなものであっても、不快なものであっても、あるいは悲しい気持ちにさせるものであっても、関係ありません。

それはそれ。今、新しいことが始まっているのです。

そう考えれば、過去と和解し、勇気を持って未来に手を伸ばすことができるでしょう。

鍵は「生活の質」

どんな思考も、向かうべき目標が必要です。

目標がなければ、私たちは周囲を取り巻く情報の洪水の中で窒息してしまいます。結局のところ、私たちは毎日、密生した思考のジャングルに新しい道を切り開きながら生きているのです。

しかし、どんな道を切り開くかによって、私たちがこれからどんな経験をするか、そしてどんな人生を実現するかが大きく変わります。

かつて、思考の目標は安全とコントロールでした。

しかし、その目標は、21世紀を良く生きるために必要なこと――つまり、妥当なリスクをとり、可能性を活かし、創造的に生きること——を妨げます。

安全は、かつてのように思考と行動の目標ではなく、私たちが生きる時代と社会によってすでに与えられた前提条件です。

安全ではない場合であっても、今ではかつてとは違ったやり方で安全を手に入れることができます。以前は、とにかく服従すること、反抗しないこと、あるいは他の人に指図することで、安全とコントロールを得ることができました。

しかし、今日では、そのやり方では一歩も進めないばかりか、自分の関心を否定し、他の人を怒らせることになります。今日の安全は、硬直やコントロールではなく、柔軟性によって手に入るものなのです。何よりも重要なのは、安全とコントロールを求める思いの背後にあった困窮は、今では存在しないということです。

生存が脅かされていないとなると、私たちの思考の目標は何になるでしょうか?

ここ10年ほどは、「幸せ」を追い求めることがブームになってきました。

けれど、私は、幸せを追い求めることには困難が伴うと考えています。なぜなら、幸せはポジティブな感情だけでできていないからです。

それではまた、過去の「両極端の考え方」に後戻りしてしまいます。さまざまな要素をまとめた、魅力的な目標として、私は「生活の質」がいいのではないかと思います。

かつての人は「安全とコントロール権を手に入れるには、何をしなければならないか」と考えましたが、今は、「何が自分にとっていいのか、どんな決断をすれば長期的な生活の質が高まるのか、そして、心地良く賢い判断とは何なのか」を考えるべきです。

理性と感情と直感をひとつにする

これまで、安全を得るためには、戦略的で抜け目ない考え方が必要でした。

そこから〝一見理にかなって見える考え方〟が、たくさん生まれました。

たとえば「私はこの仕事が嫌いだが、安全のために、少なくともあと10年はがんばらなければならない」という考え方です。

けれど、この一見「理性的」な考えに従うためには、日々の感情を犠牲にしなければなりません。何よりも大切な人生の時間の、何というムダ使いでしょう。

一方、生活の質を高めるためには、体と心、両方を満たす必要があります。生活の質を高めることを目指すためには、理性、感情、直感、すべてに語りかけなければなりません。

古い世界では、自分の生活の質を問えば、身の程知らずと言われたでしょう。道徳的に非難されるテーマだったかもしれません。

人生は楽しむためにあるのではなく、働き、役に立ち、祈り、義務を果たすためにありました。そんな世界で生活の質を問うなどということは不可能です。

生活の質と仕事の質を同時に高められるなど、誰も考えもしなかったはずです。

しかし、幸いにも、今は昔とは違います。

自分の人生は最後の1日まで自分で決めるのですから、理性と感情と直感を和解させておくに越したことはありません。

また、生活の質を目標に据えれば、長期的な視点で好ましい、健全な決断をする助けにもなります。自由な長寿社会の要求に、まさに合致していると言えるでしょう。

今日まで、生活の質というテーマを扱ってきたのは、広告業界ぐらいでした。

広告業界は、マーガリンの中に家族の幸せが、シャンプーの中に真実の愛が、生理用品の中に自由があると私たちに暗示をかけます。生活の質という表現は、いまだに消費と結びつきがちです。

しかし、私たちはみな、消費の効果は短期間しか続かないと知っています。

広告を見てマーガリンやシャンプーや生理用品を買ったところで、家族の幸せや真実の愛や自由は、アフリカ北西岸沖のカーボベルデ諸島よりもさらに遠いところにあります。

日常のマインドファックが、すばらしい体験をするのを妨げているのです。

「生活の質」は消費活動だけでは高められない

生活の質は、消費活動だけでは高められません。生活の質というのは多面的な概念なので、他のものを締め出すような極端な考え方では定義できません。

幸福感はもちろん、人生の困難な局面にうまく対処すること、つらい状況を乗り越えることも、生活の質を高めます。

大人として自分の人生を生きるための資質を備えているという自信も、生活の質には欠かせない要素です。集中力、喜び、創造性、成長も、単なる幸せ以上に高い価値がある要素と言えるでしょう。

人生にはポジティブなこともネガティブなこともあり、5月の花畑よりも色彩豊かです。そして誰もが、人生における苦難は自分を成長させることだとわかっています。また、消極的な待ちの姿勢はたいてい、退屈きわまりない停滞人生の始まりであることもわかっています。

子どもたちの毎日には、人生のあらゆる要素がぎゅっと詰まっています。

笑い、泣き、怒り、感激、驚き、集中。悲しい瞬間、挫折の瞬間もあるでしょう。

それでも、多くの子どもたちは、夜になると悶々と思い悩むのではなく、疲れてベッドに倒れ込みます。子どもたちはまだ、人生から隠れようとしていません。人生をコントロールしようとする代わりに、人生の波に乗っているのです。

コーチの仕事をしていると、多くの大人が人生に対する集中力をなくしていることに気づきます。

しかし、大人になってからの年月は人生の中で最高の時期です。若い頃の好奇心と集中力を、その後の年月で得た自己効力感や自由と結びつけることができるからです。

生活の質の高さを思考と行動の目標に据えれば、すべてが可能なのです。

生活の質は、次のように、さまざまな領域に広がっています。

▼1

精神的・感情的な生活の質とは、「生活の中で気分良く感じているか」「自分の人生はどの程度うまくいっていると感じているか」を意味しています。

これは、私たちが自分自身をどれくらいうまく扱えているか、また、正しい決断ができているか、人生の課題やチャンスにどれくらいうまく取り組めているかによって、大きく左右されます。多くの人にとっては、精神的なくつろぎも重要な要素と言えるでしょう。

▼2

身体的な生活の質とは、「元気、健康、バイタリティ、外見的魅力」について、自分がどのように感じているかを意味しています。

▼3

社会的な生活の質とは、「自分がどんな人とどんな関係を結んでいるか」を意味します。周囲の人が自分を受け入れ、愛し、建設的なフィードバックを与え、支え、率直に接し、成長を促してくれるとき、社会的な生活の質が高い、と言えます。

また、自分が理解され、認められていると感じること、自分が他者に関心を抱いていることも大切です。

うまくいかないことがあったとき、堂々と自信を持って対処し、その後も安心して前進し続けられるというのも、社会的な生活の質にとって重要な要素です。

▼4

活動的な生活の質は、仕事上の生活の質とプライベートの生活の質、両方に関連しています。

仕事とプライベートで私たちがしていることは、どれも楽しく、やりがいと意味があることでしょうか？　学ぶ力、成長する力、人生を楽しむ力を高めてくれますか？　最近では、世界に貢献することを重視する人も増えています。

▼5

物質的な生活の質は、金銭的、物質的にどれくらい満たされているかに直結しています。今のあなたは、自分の住環境、生活環境をどれくらい良いと感じているでしょうか？ 自分の生活水準にどの程度満足しているでしょうか？ 物質的に豊かだと、選択肢が増え、最新のものを楽しめるようになります。

これらの生活の質が実際にどんな形をとるかは、それぞれの人が決めることしかできません。生活の質は主観的なものです。

ある人にとっては、田舎で静かな家庭生活を送ることを意味するかもしれません。また、別の人にとっては、旅から旅への人生、変化と独立を意味するかもしれません。

人の数だけ、生活の質についての考え方があるのです。

いずれにしても、何を目指すかを考えるところから、生活の質の追求が始まります。

もっとも、充実した生活の質を目指して努力するということは、すべてを同時に達成しなければならないということではありません。

大切なのは、完璧さの基準を新しく導入するのではなく、人生の幅広さや多様性を改めて認識し、さまざまな領域からエネルギーと喜びを受け取ることなのです。

いずれの領域でも、生活の質は求める価値があり、私たちの人生を豊かにしてくれるとともに、私たちが必要とする資質を与えてくれます。あまりうまくいかないときであっても、それは変わりません。

心を開いて視野を広げる

安全とコントロールの代わりに生活の質を自分の判断の基準にすると決めることで、まったく新しい視野が開けます。

たとえば、以前は「やらなくてはならないから」、または誰かに対して「果たす義務があると考えていたから」やっていた仕事をするとき、その仕事が自分の生活の質を高めてくれるからやるのだとすると、まったく新しい感情がわいてきます。

私たちは、その仕事が自分にとっていいものだから、自分を前進させてくれるからやるようになります。また、可能であれば他の人のために、あるいは他の人の希望をかなえるためにやることもあるでしょう。

あるクライアントの女性は、この点について大きな疑念を抱いていました。

「私は単にお金が必要だから働いています。生活の質とは何の関係もありません」と彼女は言いました。私たちは、単に生活のための方便としか思っていない仕事でも、生活の質の一部に寄与することはないのかということについて、一緒に考えました。

彼女は言いました。

「その通りですね。私は自分が毎日いるべき場所にいるとわかっていますし、嫌々仕事をしているわけでもありません。月末には給料をもらうのを楽しみにしています。それにもちろん、そのお金で何か素敵なものを買うこともできます」

どんな種類の仕事でも、自分の意志でやっているのなら、直接的、または間接的に私たちの生活の質の一部になり得ます。

仕事が新しいエネルギーになるのではなく、エネルギーを奪い続けてその人をダメにしてしまうようなときに初めて、私は警戒して耳をそばだてます。

そのような仕事は、生活の質の一部ではありません。

続けていけば、いずれ病気になってしまいます。そんな仕事を続けているのは、おそらく人生の安全とコントロールを失うのが怖いからではないでしょうか。もしそうであれば、新たな視点に立ち、大人としての勇気を持って別の選択肢を探すときかもしれません。

人生に対する視点を変えた経営者

生活の質という目標がいかに大きな影響を及ぼすかを、私はクライアントとの仕事の中で日々目の当たりにしています。心のコンパスが再び動くようになれば、人は自分の道を自分ひとりで見つけることができるのです。

何を目指すべきか、誰にも教わる必要はありません。

私の経験では、自分の思考を新しく方向づければ、誰でも自力で道を見つけることができます。ティモシー・ガルウェイが私にテニスを教えてくれたときがまさにそうでした。私が自分を妨害しなくなり、やっていることに興味と喜びを抱いた途端、どうやるのかを教わらなくても、自然とテニスを身につけていきました。

私がコーチングをしたある会社の社長は、自分の人生のバランスを良くしたいと思っていました。彼は、これまで義務感と家族の生活を支えるにはそうするしかないという思いだけで仕事をしてきたことに気づいたというのです。

安全と社会的コントロール、つまり彼が義務を果たすことで得ていた周囲からの評価が、彼を仕事に向かわせていました。

長い間そのようにして働いてきた結果、彼はもはや自分の人生の主《あるじ》ではなく、日々の暮らしのために、ただひたすら自分をすり減らしているような気がしてきたのだといいます。

私は彼に、生活の質を人生の新しい基準にするとしたらどうなるでしょうか、と尋ねました。しばらく沈黙した後、彼の表情は明るくなり、元気を取り戻してこう言いました。

「そうですね、そうしたら、今と同じことを、自分と家族のためにやるでしょう。それで良い暮らしができるのですから」

同じ事柄が不意にまったく違うように感じられ、再び意味を持ちました。強調しておきたいのは、彼は仕事の上で何かを変えたわけでも、職を変えたわけでもなく、ただ視点を変えただけだということです。私は、この考えをもう一歩進めるよう彼に促しました。

「あなたの人生を生活の質という基準に合わせていくとしたら、これまでとはどんなふうに行動が変わるでしょうか？」

彼はこう答えました。

「自分を抑圧しなくなるでしょうね。もっとリラックスして物事に取り組み、些細なことでいちいち怒らなくなるでしょう。

おそらく、考えごとをしたり、将来を夢見たり、成功を楽しんだりする余裕を増やすために、日々の仕事の仕方をどう改めたらいいかを考えます。会議から会議へと飛び回って、人にガミガミ言うのではなく、彼らと話し合うようにし、会議の回数を減らすでしょう。連絡の回数を減らし、そのぶん質を高めることをモットーとして、仕事をすると思います」

彼は思いがけずたくさんの考えがわいてきたことに自分でも驚いていました。

そして、こんなふうに締めくくりました。

「そうすれば私の生活の質だけでなく、従業員の生活の質も向上するでしょうね」

〝ケーキ〟を完食した女子学生

決断が難しい場面でも、生活の質を基準にすることはお勧めです。

ある女子受験生は、どこの大学へ進んだらいいかわからないでいました。ひとつの大学は非常に評判がよかったのですが、彼女が絶対住みたくないと思っている街にありました。

別の大学はすばらしい環境にありましたが、その評判は彼女が望んでいるものではありませんでした。

さらに、外国の大学への興味深い交換留学プログラムがあることも彼女の条件でした。彼女はより良い大学か、生活環境のいいまずまずの大学のどちらかに決めなければならないと考えていました。つまり、「AかBか」の罠に自分を追い込んでいたのです。

私は彼女に、生活の質が一番上の基準だとしたら、そしてケーキを半分だけでなく全部食べてもいいのだとしたら、どんな決断をしますかと尋ねました。「それなら、すばらしい環境と高い評判の両方を兼ね備えた大学を選ぶでしょう」と彼女は言いました。

私は、視野をもう少し広げて、彼女の住む地方の外も見てみるように促しました。私たちが世界中に視野を広げると、さまざまな国の美しい都市に優れた大学がいくつもあることがわかりました。

世界的に有名な場所の名前を口にするたびに、彼女の目は興奮で輝きました。しかしそれと同時に、新たな心の妨害が姿を現しました。

「どうしてそんなことを考えなくてはならないのですか？　すべて夢にすぎないのに！」

〝己の分を守れ〟という典型的な評価型マインドファックによって、彼女はそんな望みを抱いてはいけないと自分に言い聞かせたのです。

私たちはそれをマインドファックとして跳ね返しました。その結果、彼女は世界的に有名な夢の大学で学ぶ準備をしていいのだと思うようになりました。

私は、いろいろな大学の入学許可条件を調べること、ただし、胸がときめくような魅力的な大学だけに集中することを課題として彼女に与えました。

胸がときめくというのは、集中力、好奇心、意欲があること、そして生活の質が基準として機能していることを意味しているからです。

再び面談にやってきたとき、彼女は疲れた様子でしたが、幸せそうでした。

「信じられないと思いますが、私の夢の大学のうち2校から願書を提出するよう勧められたんです。最初は、断られたらどうしようかと不安でした。でも、それはマインドファックにすぎないことにすぐ気がつきました。それで、自分はもう大人だから、拒否されてもうまく対処できると考えて、連絡してみたんです」

最終的に、この若い女性は外国のすばらしい大学で勉強を始めました。私たちのコーチングが終わった後の夏に、私は彼女から海辺の風景が写った絵はがきを受け取りました。

そこにはこう書かれていました。

「ケーキを全部食べるのは、半分だけよりずっといいです」

それ以来、これは私の人生の座右の銘になっています。

燃え尽きてしまった女性教師

燃え尽きを経験してコーチングに訪れたある女性教師の場合も、生活の質という新しい基準に集中することで突破口が開けました。

彼女と同じ業種の人たち（私のクライアントには教育実習生、教師、校長もいました）のコーチングをしてきた経験から、彼女がいる環境では、いまなお古い思考がルールになっていることはわかっていました。

教育の現場では、いまだに成績、上の人に対する従順さ、求められるものをすべて引き受けるメンタリティが重視されています。

どんなに時代遅れに聞こえるとしても、多くの教師が、今日も義務感や従順さを自分の人生の〝不適当な〟物差しとして使っているのです。

燃え尽きを抱えたクライアントに対して、生活の質を基準にすることを試みるよう提案すると、彼女はびっくりした様子で言いました。

「えっ？　そんなことできませんよ。本気でおっしゃっているわけじゃないですよね？」

私は同じ提案をくりかえし、生活の質を基準にしたらどうなるかを考えてみるだけで、実際にやってみる必要はありませんと言いました。それ以上は私のほうから何も言わないでいると、彼女から言葉があふれ出てきました。

そして、彼女はこう語ってくれました。

「まずは授業時間数を減らします。そうすれば、今ほど必死に準備をしなくてもよくなりますし、ランニングをしたり友達と会ったりする自由時間を取り戻せるでしょう。校長が文句を言ったら、彼と話し合い、堂々と自分の見解を主張します。

同僚や校長が私のことをどう思うかも、それほど重要ではなくなるでしょうね。私には20年の経験があり、優先順位をどこに置くかは自分で決めることができます。

生徒たちとのトラブルも、あまり個人的に受け取らないようにします。自分の生活の質を高めるのなら、仕事上の問題は家に持ち帰らないようにしなくちゃ……」

しゃべり終わったとき、彼女はたった今、自分が確信に満ちて話した言葉にすっかり驚いた様子で、呆然として言いました。

「まるですべてが自分の中で待ち構えていたみたい」

そうです。それはすでに彼女の中で待機していたのです。これは、クライアントの相談に乗る中で私がくりかえし経験することです。

不安を抱かず、自由に考えることを自分に許した途端、人は自力ですばらしい目標と解決法を生み出すのです。専門的なコーチとの対話は、そういう考えを人生の新しい次元に向けた成功戦略に発展させるのに役立ちます。

人生の質を基準として考えてみることが、なぜこれほど効果的なのでしょうか？

目標を新たに言い表すことが、いわば新しい船外エンジンとなって、船足ののろい小舟をレース用ボートに変えてしまう……。

そんな場面を、コーチングの過程でくりかえし目の当たりにするのはなぜでしょうか？

「内なる番人」が役割を変えるとき

それはひとえに、私たちが支配と服従をめぐる自分との戦いを終わらせたからです。

「内なる番人」は、私たちの本当の関心事の代弁者となり、現在と将来の可能性に対する明確な展望をついに取り戻したのです。

かつての番人は、今や私たちの新しい代弁者であるばかりでなく、明確な視点で独自に現実を観察しています。これなら私たちは、その判断を信用することができます。

ときには、その声が私たちにズケズケとものを言うことがあるかもしれませんが、それは、私たちが軽率な判断をしないようにするためだけです。

今や内なる声は、私たちに対抗するのではなく、私たちのために働いてくれます。

そうなったときに私たちは、自分自身とも外の世界とも調和していると言えるようになるのです。

これによって、創造性と独創性の潜在能力も開花します。前述したように、自分の内面と外の世界との間で絶えずやりとりし、学び、成長することは、私たちに生来備わった性質です。注意することや学ぶことをやめるのは、たいてい自分を妨害して心のバリアを築いているときです。

なぜ、引き続き内なる声が必要なのかは、先ほどの学校の先生の例からも明らかです。

ただし、その声の主は厳格な番人ではなく、私たちのために働いてくれる友人、代弁者、あるいは良き助言者のような存在です。

例の先生が再び、マインドファックから生じる間違った完全主義に服従しそうになったときには、それが彼女自身の考えであれ、校長の考えから来ているものであれ、その間違いを認識し、訂正することのできる内なる声が必要なのです。

生活の質が一番の優先事項だということを思い出させてくれる新しい良き友人として、かつての番人は、今や私たちが再び古い考えに従いそうになったらそれを修正するという使命を帯びています。

私たちの生活の質に目を向ける友人として、安全とコントロールを基準とする番人とはまったく違う知覚力を持って働いています。声の調子も違って聞こえます。

かつてのような攻撃的、挑発的、説教調で憂鬱なものではなく、明確で、協力的で、励ますような調子です。

友人としての番人

自分をこのように新しく方向づけるには、少し時間がかかることもあります。

私たちの中の番人が再び古い思考パターンに逆戻りしそうになったときに、新しい使命をくりかえしやさしく思い出させるためには、「メタ視点」が必要です。

いずれは、常に思考を観察している必要がなくなり、何度もメタ視点をとらなくてもよくなるはずです。

そうなれば、私たちは再び自分の内なる対話の世界を信頼できるようになり、自己妨害を心配する必要はなくなります。

「内なる番人」の新しい、友好的な姿勢は、新しい思考と古い思考を大きく区別するものです。

さて、番人の姿勢が変化すると、私たちにはどのような影響があるのでしょうか？

権威主義的な古い考え方と話し方をやめて、自分の思考パターンや自我状態に常に注意を払うようにすると、自分の潜在能力に気づき、日ごとにうまく発揮できるようになります。

生活の質を一番の優先事項と決めることは、この過程を歩む助けになります。

私たちの心のコンパスは、達成する価値のある新しい目標に向けられています。「内なる番人」は良き助言者となり、現実から、以前よりもずっと多くのことを見て取っています。

私が多忙でも講演を引き受けた理由

個人の生活の質を人生の優先事項とすることは、常に意味があると言えるでしょうか？

コーチとして仕事をする中で、私はそのことを考えてきました。

とくに、仕事や実績の話になると、疑問が頭をもたげてきます。

私自身、心の奥では、実績と生活の質は必ずしも両立しない、必要なら自分を抑えてさらに努力することも大切だ、という思いを抱いていました。しかしそのうちに、生活の質を優先事項にすれば、効果的かつ持続的に実績を向上させられることを学びました。

私はそれを、まずは自分で実践してみることにしました。

ある日のこと、興味深そうな講演の依頼がありました。

ところが、ちょうど忙しい時期でスケジュールが詰まっていました。そこで私は、生活の質を基準とした場合に、この依頼についてどう考えればいいか、と自問しました。すると、はっきりした理由を考えつく前に、講演を承諾する気持ちに傾いていることに気づいたのです。

しかし、すでにスケジュール表は予定でいっぱいでしたし、負担を増やしすぎないために新しい依頼はなるべく引き受けないようにしようと考えていたところでした。

無理をしないという観点からすれば、私はこの依頼をすぐに断ったことでしょう。

ですが、生活の質という新しい基準に照らしてみたことによって、断ることへのためらいが生まれ、それに対してすぐに妨害的な考えがわいてきました。

「もう依頼は引き受けないと決めていたはずじゃないか。それなのに迷っているなんて、矛盾している！」

明らかなルール型マインドファックです。

「そんなことを続けていたら、いつかは倒れてしまうぞ」

これは、明らかな破滅型マインドファックです。

私はリラックスして、この講演の何に惹かれるのかを考えました。

それは聴衆でした。講演の聞き手は、革新的な社会的プロジェクトに参加している企業家のグループです。私は以前から、そうした人たちと知り合いになりたかったのです。

そして、よく考えてみれば、そこには自分の生活の質を高めるためのものがありました。先見性のあるテーマに打ち込み、世界をさらに前進させようとしている人々と出会い、彼らから学ぶことは、生活の質の向上につながることだったのです。

こうして私は、講演を承諾し、すばらしい講演会の夜をすごしたばかりか、未来の重要なテーマについて興味深い会話を交わすことができました。

企業家たちから講演の依頼があった数日後に別の講演依頼がありましたが、今度は生活の質という観点から断りました。優先すべき生活の質とびっしり詰まったスケジュール表のことを考えると、引き受けるには魅力が乏しかったのです。

ところで、「自由」や「柔軟性」も新しい優先事項に加えることができるかもしれません。

それなのに、なぜ生活の質を優先するのでしょうか?

なぜなら、生活の質は安全の確保も含めたあらゆる価値を含んでいるからです。

人生には、生活の質という優先事項を満たすために安全の確保が最重要目標となる瞬間があります。たとえば、山歩きをしているときに雷雨に見舞われたら、私の第1の目標は安全な避難場所にたどり着くことです。

車を運転していて車道から外れそうになったら、大急ぎで車の制御を取り戻すことが必要です。無一文になってしまい、職業紹介所に行く以外の方法をとるとすれば、嫌な仕事を一時的に引き受けることも考えていいでしょう。

好きなことをあきらめる必要はない

生活の質という基準について、もうひとつ、テストをしてみましょう。

何かをやり遂げるために、好きなことをあきらめる必要があることはないでしょうか？

生活の質の向上を将来の目標としてとらえるなら、その通りでしょう。

しかし、生活の質は常に「今、ここ」と関連しています。

もし、将来の人生を充実させるために、現在の生活の質をないがしろにしたら、それは生活の質を優先しているのではなく、将来的な安全の確保と自分の手で自分の生活をコントロールするという視点で物事を判断していることになります。

たとえば、大きな望みを実現するために貯金する場合、大切なのは、自分を苦しめたり、何かをあきらめたりすることではなく、望むものを手に入れる喜びに集中することです。

そうすれば、貯金は「今、ここ」における生活の質の一部となり、過去の困窮の時代から生じた、みじめな自己妨害の残りかすではなくなります。

ですから、大きな目標のために何かをあきらめている人にお勧めしたいのは、常にこの目標を楽しむこと、大人の強さと自己責任で目標に向かって努力するのを誇りに思うことです。

そうすれば容易に目標が達成できるようになり、楽しみも増えます。

自分が何のために行動するのかがわかっていれば、私たちの生活の質はすぐに向上します。

しかも、大きな目標を達成するために大変な努力をしなければならない場合でも、やる気を保ち続けられます。

絶体絶命でも道はひらける

絶体絶命の窮地に陥ったときでも同じです。

前述のタイムマネジメントの問題がうまく解決してから数週間後、ある会社の創業者がコーチングを受けようと訪れました。

彼は2年前に大金をつぎ込んで出版社を設立したのですが、今や倒産の危機にあり、しかも燃え尽き症候群に悩まされていました。

彼の家族も全員、似たような状況にありました。彼の妻と成人した息子は、彼とともに危機的状況にある会社のために働き、彼と同じように疲弊していました。

私は、「生活の質という観点から人生をやり直すとしたら、何をしますか？」と彼に尋ねてみました。すると、彼はなぜかニヤリとしてみせました。

このときの彼には、そんな考えはまったく意味のないことだったからです。

彼はさまざまなマインドファックの圧制下にすっかり入り込んでいて、この2年間ずっと、自分に圧力をかけ、自分をののしりながら仕事をしてきました。

私が大まじめに質問をしたと気づくと、彼は考え込みました。

それから、静かにこう答えました。

「まず、妻と一緒に2週間の休暇をとります。ひたすら寝て、きちんと食べるだけです。でも、そんなことは絶対できません。この状況で休暇をとるなんて、とんでもない！」

私は彼に、「それは明らかに強制型マインドファックですね。その考えを少しの間無視してください」と頼みました。そして彼に尋ねました。

「あなたが奥さんと一緒に2週間の休暇をとれるのはいつですか？」

私は彼が答えるまで質問の手をゆるめませんでした。

それから間もなくして、私たちは再び面会しましたが、その間にこのクライアントは自分で問題を解決していました。

「生活の質というテーマについていろいろと考えました。妻と私は、リスクをすべて自分たちだけで負うのは私たちにとって価値がない、ということに気づきました。資金力のあるビジネスパートナーの候補をすでに探し始めていて、来週、最初の話し合いをします」

このように、生活の質という基準は、絶体絶命だと思うような状況でも、私たちに新しい道と解決法を示してくれます。

「生活の質」を追求するのは身勝手？

ある講演後のやりとりの中で、高齢の女性が私にこんなふうに尋ねてきました。

「生活の質の向上を目指すことは社会にとって危険ではないの？　まるで身勝手な生き方を良しとするかのような提案だったけれど。『責任』という概念のほうが基準としてははるかにいいのでは？」

それはまさに、マインドファックモードのときに私たちが恐れていたことです。

生活の質というのは、自分勝手に休暇をとって日光浴をするような楽しみとは違います。

過去数百年間、残虐な手段を使って他の人の生活を犠牲にしながら生きる人だけが、楽しみを享受し、無為な生活を続けてきました。

まじめな人たちは、額に汗して生活の糧を得るだけでなく、権力者の欲求を満たさなければならず、人々は怠惰な生き方に対して悪い印象を持ってきました。キリスト教的な観点からだけでなく、結局のところ、人生を楽しむことは罪深い人生を送ることと同義と思われてきたからかもしれません。数百年も昔から続くこうした考え方が、マインドファックモードに入っているときの私たちを襲います。

とはいえ、人生すべてが楽しみだけというわけにはもちろんいきません。人生の経験を積むとわかることですが、単なる休暇や日光浴だけでは、私たちはすぐに退屈してしまいます。

私はコーチングの仕事を通じて、内面的な貧しさやむなしさに苦しんでコーチングを求めるお金持ちに何人も出会いました。彼らにとって、より良い生活の質を求める気持ちは、消費や楽しみを求める気持ちよりも大きいのです。

重要なのは、あなた自身の基準に従って集中し、充実した人生を全力で生きることです。人生にはさまざまな側面があります。

愛情や好ましい人間関係、友情、冒険、憂鬱なひととき、悲しみ。これらはすべて、質の高い生活の一部に含まれます。

くだんの高齢女性が発したもうひとつの質問は、「誰もが自分の生活の質の向上を求めるようになったら、社会はどうなってしまうのか?」というものでした。

私は、現在の社会が史上最高の社会だと確信しています。私の経験によると、満たされた人は他人の利益にもおのずから興味を持ち、他人のために尽くし、物事の意義や社会的公正についての問いを発しています。

特定の考えや大義のために自分をすり減らすのは時代に合わないかもしれませんが、他者に興味を持ち、関わり合いを持つことは、たいていの人にとって生活の質の向上につながります。

ただし、不満だらけの人生を送り、視野が狭くなっている人の場合は別です。

反対に、十分な余裕のある人は、他の人にも余裕を与えます。

狭いところを抜け出して広い世界に到達した人は、他者に対して寛大な心で接することができるのです。自分の人生の基準を生活の質に据えれば、世界は多くの点でより良くなるはずです。

人生の〝次〟の発展段階を考える

クライアントとともに、生活の質を新しい優先事項にすることに取り組めば取り組むほど、生活の質は直感力を高め、賢い決断をするための鍵であることがはっきりとわかってきました。

それは、私たちが自分の潜在能力をよりうまく使うことにもつながります。

マインドファックに駆り立てられ、ハムスターの回し車を回し続けているような状況をくりかえしているうちに、人生の危機に陥ってしまう人は大勢います。重要なのは、自分の発展の次の段階を認識し、そこへ向かう道を選ぶことです。人生の次の段階は、常に生活の質の向上の次の段階でもあるのです。

私がコーチングをしたマネージャーの男性は、燃え尽きて空っぽだと感じていました。彼は会社の中で将来の展望を見出せず、いつも堂々めぐりしていると感じていました。

「生活の質を上げるために、次に求めるものは何ですか?」

そう尋ねると、彼はすぐに、「独立するための時間です。自分の好きなことをやりたいし、他の人から指図されずに自分の夢を実現させたいのです」と答えました。

即座に飛び出たこの明確な答えが、彼のモチベーションを高めました。

このクライアントは首尾良く独立しただけでなく、南の国に家を買うという夢も実現させました。面談では、私たちは新しい基準となる生活の質と、それが彼の決断にどのような意味を持つかということだけに集中しました。

実績やプレッシャーやコントロールではなく、生活の質を基準とすることで、彼の企業家としての能力はずっと早く開花しました。

彼は無分別に浪費することをせず、自分の資金に気を配りました。

また、自分の計画や経験を定期的に再検討し、すべてを力任せにやろうとせずに、状況を自分のために利用する習慣をつけました。

スピードが大切なのはいつか、ゆっくりやったほうがいいのはいつか、ということにも注意しました。今では彼は、1年のうちで最も陰鬱な2カ月間を温暖なカナリア諸島ですごしています。島では休養をとり、次の年の胸躍るような新プロジェクトや依頼人についてじっくりと考えていると言います。

私は数年来、「生活の質」という基準を使った試みをしてきましたが、いつも同じように良い結果がもたらされています。

週末のすごし方、自分の食事内容、友人とのつきあい方、仕事の仕方、パートナーや家族との生活、自分の将来の計画などにおいて、生活の質を新しい優先事項とすれば、直感力を高めて、いい決断をし、本来の自分の能力を発揮することができます。

では、「内なる番人」はどうでしょうか？

生活の質を優先すれば、「内なる番人」は良い友人、または好意的な助言者となります。幸福ゾーンを小さく保とうとしたり、発展を邪魔したりすることはなくなり、生活の質の代弁者となります。賢い助言を与えてくれるようになるのです。

古代の偉大な哲学者アリストテレスも、じっくり考え、内面の葛藤を乗り越えるために自分自身と仲良くすることを勧めています。

建設的な思考の論理

生活の質という新しい基準からは、破壊的でムダな思考や行動の代わりに、力を保ち、力を生み出すような思考と生き方が生まれます。

この新たな視点は、分割すべきものは分割し、まとめるべきものはまとめてくれます。他者との勝ち負けではなく、自分自身の生活の質を高めることを重視すれば、支配と服従は対等な関係に変わります。競争は協調になります。

そして、成功のために生活の質を犠牲にする必要もなくなります。生活の質を基準にすると、人と生活に即した、建設的な考え方ができるようになります。

良質な人生は、イデオロギーや、権力志向、利益志向の考えではなく、建設的な論理によって生み出されるものなのです。

モラルと価値観は人の生活の質に即して定まるものであって、その逆ではありません。人生の幅を狭め、私たちの潜在能力を発揮できなくさせるようなモラルは、もはや時代に合っていません。他の人のために自分を犠牲にし、世界中の人がみんな幸せになって初めて自分のために何かをするというのは、自分の生活の質を踏みにじることです。

そして、建設的な思考は、「おそらく良くなっているであろう遠い未来」ではなく、「現在の人生」に役立つものです。

物質的な利益はそれ自体が目標なのではなく、自分と他者の生活の質を改善する範囲で目指すべきものです。環境に負荷を与え、人を搾取した結果得られるものは、もはや魅力的ではありません。健全な環境世界は、今日の、そしてこれからの世代の生活の質にとって、最も重要な前提条件のひとつだからです。

破壊的ではなく建設的に考えるようになれば、私たちの内面生活の質もまったく別なものになります。頭の中で響いていた自己妨害的な口調は、攻撃的でも抑鬱的でもなくなり、好奇心に満ち、好意的で、励ますようなものになります。

命令口調で自分に指示を出す代わりに、私たちは自分で自分にアドバイスし、適切な質問を投げかけ、経験をじっくりと建設的に評価します。

自分を過大評価したり過小評価したりすることもなくなり、自分がやっていること、考えていること、経験したことが生活の質に対する自分の希望と一致しているかどうかを判断するようになります。

たとえ負けても、個人の価値が否定されたとは感じなくなります。

間違いや失敗は、悲劇でも破滅でもなく、学びのチャンス、別のやり方を試すためのチャンスになるのです。

疑念や矛盾を解きほぐす

疑念や相反する感情も、決断しなければならない問題を生活の質という基準で測れば、容易に乗り越えられます。

自分に無理に圧力をかけて働かなくても、また、幼い子どものように今すぐ何かを得ようとしなくても、私たちには落ち着いて経験を積む時間があります。

実績への過剰な期待から、人生の一時期に自分に強いプレッシャーをかけるのではなく、長い目で見て、人生全体を利用することができます。

この新しい考え方によって、私たちの内面は安定し、自分のことは自分で決められる大人として、前を向き、自由な世界で動き回ることができます。

そうすれば、仕事でも私生活でも、自己有能感、自己効力感、自尊心が得られます。こうした姿勢によって、私たちは良きパートナー、両親、友人、上司、従業員、顧客、同僚になるのです。私たちは誰にもペコペコしませんし、誰も私たちの前でペコペコする必要はありません。

この結果は明らかでしょう——もちろん、生活の質の向上です。

自分と対等に話をする

「内なる番人」を新たな価値観の番人にするより、友人か好意的な助言者にするほうがいいのはなぜでしょうか？　そうすることで、自分の中に存在していた時代遅れの「階級システム」を廃止できるからです。

物事を自由に考える大人の世界では、自分を実際よりも小さく見せたり大きく見せたりするのではなく、常に〝対等に〟コミュニケーションをとることを学ばなければなりません。

ですから、まずは自分の内側で、大人対大人の対等さで自分自身に話し始めましょう。

そうすれば、外の世界でもそれが自然とできるようになります。

すでに見てきたように、私たちは自分とつきあうのと同じように他者とつきあう傾向があるからです。

結果として、他の人たちもあなたを対等に扱ってくれるようになるでしょう。

自分の内面的な対話を改善し、自分と対等に対話することで、たくさんの利点がもたらされるのです。

大人であるという幸せ

内なる対話の新しい口調は、やっかいな形のマインドファックを終わらせるのにも役立ちます。これまでに見てきたように、時代遅れの思考パターンだけでなく、「子ども」と「大人」の自我状態を行ったり来たりすることでも、私たちは自分を妨害します。

そんなとき、人は本来あるべき姿とは異なる、極端な態度をとってしまいがちです。大人としてふるまうのをあきらめることで、私たちはさまざまな領域で自分を妨げているのです。たとえば、マインドファックに対処しないまま何かの計画を立てると、たいていは失敗します。自分で自分を妨害して、突然、目標への意欲を失ってしまうのです。

しかし、生活の質を基準にして、その向上を目指して計画を立てれば、楽しみながら実現を目指すことができます。

十中八九、賢いやり方で目標に取り組むことができるでしょう。

「賢く目標に取り組む」とは、責任感を持ち、その目標に対する責任を引き受けること。とことん目標を追求することです。時間、場所、集中力、すべてをそこに注ぎ込むことです。十分に情報を集め、場合によっては助言を求め、集中して取り組み、物事を一歩一歩前に進めていくことと言い換えてもいいでしょう。

1日で奇跡が起こると思っている人は、たいてい「子どもの自我状態」になっているか、権威主義的でせっかちなマインドファックによって自分に圧力をかけています。

また、極端な状態から抜け出すということは、自分の思考の領域を〝and〟という言葉のぶんだけ拡張し、心にゆとりを持つということ。また、生活の質の向上を目標に掲げて、バランスのとれた大人の視点を持つことでもあります。

しかし、成熟した大人の態度や視点とは、具体的にどのようなものなのでしょうか？

交流分析の創始者であるバーンとハリスは、20世紀初頭の権威主義的な時代を生きていました。ですから、彼らが大人を描写するときに、常に理性的でいることを最重要視していると言っても、驚いてはいけません。

この厳格で一次元的な大人像は、今日では不十分です。まるで、私が子どものときの教科書に出てくる大人のよう。教科書の中の大人の男性はみな、計算するか、設計するか、決断をしていて、大人の女性はみな、夫や子どもの世話に明け暮れていました。

これらの教科書の挿絵では、父親が家に帰ってくるとき、女性はエプロン姿でかまどの前に立っていました。大人であることとは両親の役割を果たすことであり、楽しさや喜びとはまったく関係がありませんでした。

いずれにしても、子どもの目から見た大人は、やさしさと配慮にあふれているか、非常に理性的かのどちらかでした。

今日では、大人であることは、理性を働かせること以上の意味を持っています。

結局のところ、叱責する「親の自我状態」も、危険に対する注意を喚起して私たちを守ろうとするもので、本来は理性的なのです。

したがって、男性に関しても女性に関しても、バーンとハリスが重視した「理性的である」

ということは、大人の思考の一面にすぎません。

自分の人生を自分で乗り切ることができる、自分の人生と自分の経験を楽しむことができるという意識も、大人に欠かせない側面です。

大人は、自分の境界を知っています。

しかし、成熟してバランスのとれた「大人の自我状態」にあれば、私たちはいつも、そこからさらに考え、行動することのできる視点を見つけることができます。

自分の人生は自分で何とかするのが大人です。他者と関係を結んでも、その人たちにあなたの人生を支配させる必要はなく、彼らにあなたの考え方を押しつける必要もありません。

自分に正直に生きる

大人であるということは、自分に責任を持つことです。

私は私、あなたはあなた、ということなのです。

誠実さやユーモア、強い感情は、私たちをいつも自分に立ち返らせてくれます。

私たちは自分が自由で可能性を持っていることを知っていますし、それらを活用することもムダ使いすることもでき、成長することも失敗することもあると知っています。そして、自分の理性、直感と感情、知識と能力を使って、充実した人生を築こうとするのです。

違いをさらにはっきりさせるために、いくつか例を示しましょう。

A氏は健康上の理由から減量したいと思っています。数日前から徹底したダイエット計画に従っていて、自分のぶんだけ料理をつくり、外食はしないようにしています。

今晩、彼はビジネスパートナーから食事に招かれています。

(一緒に食事をしないわけにはいかない。そうでなければ、やる気がないと思われてしまう)

これは、古典的な自己否定型マインドファックが、評価型・破滅型のマインドファックと結びついた考え方です。つまり、本当のビジネスマンなら自分だけ勝手にふるまうことはできない、人から疑われるようなことはしてはいけない、他の人と同じものを自分も食べなければならない、と思い込んでいます。

バランスのとれた大人の視点ならどうでしょうか?

21世紀に生きる現代の男性として、A氏は食べたいものを食べても、あるいは食べなくてもいいのです。会食に出かけ、飲み物のメニューだけをもらって、何か聞かれたときだけこう説明するのです。

「ちょうど食生活を切り替えているところなんです。みなさん、どうぞ召し上がれ」

Bさんの働いている部署では、同僚たちが仕事の後に一杯飲みに行こうとしています。

彼女は、今日は疲れているので、できれば家でテレビを見てすごしたいと思っています。

彼女は次のように考えました。

（一緒に行かなかったら、みんな、何かあると思うだろう。それに、上司にノーとは言えない。仕方ない、行かなくちゃ。でも、できるだけ早く帰るようにしよう）

明らかな自己否定型マインドファックのケースです。これは、自分の欲求に従ったら他の人がどう思うか、他の人が気を悪くしないかと考えるときに決まって襲ってきます。

「大人の自我状態」だったら、どんな行動がとれるでしょうか？

たとえば、こんなふうに言うことができます。

「仕事以外でもみんなで一緒に何かをするのはとてもいいことだと思います。でも、今晩はどうしても家に帰りたいのです」

彼女は同僚たちに楽しい時間をすごしてほしいと言い、さらにこう追加します。

「明日、どんなだったか教えてくださいね」

Cさんは数週間前、古い友人を自宅に誘いました。

ずっと前から再会したかった友人です。

ところが、友達がやってくる日が近づけば近づくほど、彼女は気が進まなくなります。

彼女はさまざまなマインドファックでくりかえし自分を苦しめます。

「友達なんて招待しなければよかった。もともと目が回るほど忙しいのに、それに加えてこのストレスだなんて。後で疲れ果てて倒れてしまうわ」

成熟した大人の視点をとれば、Cさんにはいくつかの選択肢があります。ひとつは、都合が悪いことを友人に説明して、約束を取り消すこと。また、招待した責任を果たしつつ、気持ちを隠さずオープンにすることもできます。

「今は再会のすばらしい面だけを考えよう。あまりに疲れたら、休憩が必要なことを友達に説明しよう。それで友達が不機嫌になったり、がっかりしたりしても、うまく対応できるだろう」

大人の視点とは、バランスのとれた安定した視点です。極度に喜んだり悲しんだりするのでもなく、攻撃的でもありません。むしろ、極端な考え方の反対側にあるものです。

私たちは大人として、明晰な頭で、感覚をうまく結びつけて自分の目標と計画について考え、新しいことに気づき、先入観を持たずに自覚的に新しい経験をします。問題があっても適切に反応し、新たに決断することができるとわかっているからです。

私たち大人は、人生や人生の中の予期せぬ出来事、リスクや予測不能なことなどによって自分に境界が設けられていることを知っていますが、同時に、自分の力で影響を及ぼせるスペースがこれまで思っていたよりはるかに大きいことも知っています。

私たちはこのスペースに自分の注意力と努力を注ぎ込むことをポジティブにとらえています。私たちの周囲を取り巻く世界は、たとえまだ多くの解くべき難問があっても、大人の視点から見れば何も不可思議なものではありません。世界は理解でき、説明のつくものです。

必要な知識はいつでも手に入れることができます。それだけでなく、発見の旅に出かけ、学ぶことは喜びをもたらします。成功は、何かを達成しようとするときに何が重要なのかを、自分がどのくらいよくわかっているかによって導き出される当然の結果なのです。

大人の視点から物事を見る

以前、ある女性のコーチングをしたことがあります。彼女は自分のことをバッタみたいにひとつのテーマから次のテーマへと飛び回っていると言いました。

自分には、ひとつのことをずっと続けることは決してできないと言うのです。

まだ30歳を過ぎたばかりなのに、すでにいくつもの職業教育を受け、7回も職を変えていました。彼女はさまざまなマインドファックによって自分を抑えつけ、自分をまじめにとることを拒否していました。

当然ながら、それでは問題へのアプローチは何も変わりません。彼女が自分に対して「物事をやり通しなさい」と厳しい親のように注意すると、決まってその反対のもの、つまり子どものような声が呼び起こされてしまうのです。

「でも、嫌なんだもの。ちっともおもしろくないし、やりたくないわ……」

私は彼女に、「成熟してバランスのとれた大人の視点からすべてを見るとすれば、どのように考え、行動しますか?」と尋ねました。彼女はこう答えました。

「そうですね、大人の視点からすれば、むしろ大騒ぎせずに物事を続けるでしょうね。どのくらいの間試してみるか、限度を決めます。大人でも『ノー』と言うことはできますから、うまくいかなければ何か他のものを探します。ただ、全体として自分にふさわしいと思えたら、ワクワクしておもしろいかどうかだけに注目するのではなく、あまり楽しくない時期もあるのだと受け入れるでしょう」

そして彼女は、心の声が自分をののしっている、または仕事から距離を置こうとしていると感じるたびに、意識的に大人の視点をとることを試みました。

そうやって、彼女は新しい職場での最初の困難な数週間を乗り切り、いかに早く仕事になじめるかを楽しむようになりました。数年後、彼女はまだ同じ会社で働いていて、ついに、いるべき場所にいるという気持ちになっていました。

大人たちの中で大人として生きるということは、自分の利益を考慮しながら、自立して生きるということです。情報を集め、人生に積極的に参加するということです。

無力なふりをしたり、自分の人生を他人に導いてもらいながら生きることでも、他の人を操ったり、無理に世話したりすることでもありません。大人の中で生きるということは、互いに対等な存在として接し、対話するということです。また、自分に対する信頼感、いわゆる自己効力感を楽しむということでもあります。

今日では、大人であるということはさらに多くを意味します。私たちはこの大人の自己効力感を、子どもの頃の強みと結びつけることができます。そのために必要なのは、建設的な、新しい生き方です。それは３つのシンプルな姿勢として現れます。

いつからでもとりいれられる、その姿勢とは——。

好奇心、信頼、経験に対する喜びです。

建設的な生き方

内面的にも外面的にも生活の質に目標を定め、極端な考え方をしないように心がけていると、リラックスしながらイキイキと日々を送れるようになります。

一貫して生活の質を追求し、いつも「大人の自我状態」でいることに留意している人は、新しいことを始め、未知の状況に身を置く準備ができています。これは、私たちが生きている変化と革新の時代においてはとても重要なことです。

とはいえ、未知のものは、とくにそれが昔の嫌な経験を思い出させるときに、新たなマインドファックを生み出すことがあります。

これについても、ティモシー・ガルウェイは、スポーツコーチとしての仕事の中で重要な発見をしています。

ガルウェイは、困難な新しい状況に直面したときでも、できるだけ邪魔されずに自分の潜在能力を発揮するのに役立つ態度があることを発見しました。それは、好奇心を持つということです。

好奇心が人を前進させる

人間はもともと好奇心が強く、自分の周囲のことには自然と興味を持ちます。生まれて間もない時期から、私たちは自分の周囲の世界を知ろうとします。

どうすれば最善の生き方ができるか学ぶためには、まず自分を取り巻く世界を知らなければなりません。自分を妨害しない限り、人は自ら進んで、純粋な発見の喜びのために世界を知ろうとします。社会的な自我を形成し、外部からの期待に適合し始める年齢になって初めて、生来の好奇心が後退してしまうのです。

先入観なく世界に興味を持つ人は、おのずから学習しています。

何かを学んだとき、人は自分を有能で強いと感じます。権威主義的な階級組織社会では、それは望ましくないことでした。「知は力なり」という言葉があるのには、それなりの理由があるのです。

理論的にも実践的にも、人は学べば学ぶほど個性が発達し、自信と自立心が高まります。ですから、歴史の中では、多くの人が意図的に教育や知識、さまざまな発見から遠ざけられてきました。20世紀に入るまで、女性にとって教育はふさわしくないものであり、健康を害するとさえ見なされていました。男性にとっても、教育を受けるのは何百年にもわたってごく少数の人々の特権でした。

女性が自分の身体を性的、健康的、またはスポーツ的な面で発見することも、20世紀半ば過ぎまで認められていませんでした。有名なボストンマラソンへの女性の参加が認められたのは、1972年になってからのことです。

主催者たちは、女性は大きな負荷に耐えられないだろうと考えていました。走ると、女性の子宮や乳房に害がある（！）と考えられていたのです。

ボストンマラソンに参加した最初の女性、ロベルタ・ギブは、1966年、非公式にゼッケン番号なしでランナーの列にこっそりと加わりました。2人めの女性、キャサリン・スウィッツァーは、イニシャルのK．スウィッツァーで登録したため、主催者側は彼女を男性だと思っていました。実は女性だとわかると、係員が彼女をレースから排除しようとしましたが、うまくいきませんでした。当時の人々は女性がマラソンをすることを、どうしても認めようとしなかったのです。

権力の支配の下では、服従する人には制限が設けられます。

被支配者が経験を積むこと、学ぶことを禁じれば禁じるほど、支配は簡単になります。私たちの祖先は数百年にわたって、社会的な条件づけ、しきたりや慣習、宗教的、政治的、法的な規定によって、権力者の役に立つように教え込まれてきました。

人は、子どもの頃に始まる条件づけの中で、自分で考えを制限することを学び、それがマインドファックとなります。

くりかえし低い地位を割り当てられ、学ぶことがタブー視もしくは禁止されているような環境で育てば、しだいに愚かであることをよしとし、知識や経験ではなく、与えられた状況を人生の唯一の選択肢として受け入れるようになります。しかもさらに悪いことに、生来の好奇心までをも失ってしまいます。

しかし、物事や人々、またはそれらの関係性に対する関心や、経験して学ぶことへの純粋な好奇心は、人間の生活の質にとって、非常に重要な要素です。

それは退屈の対極にあるもので、人生を刺激的で興味深いものにします。人は活動的になればなるほど知識欲が旺盛になり、冒険を好み、好奇心が強くなります。

人生がどうあるべきか自分で決めなければならない現代においては、少数の時代遅れな人と、個人的な権力欲のとりこになっている人、あるいは神経症にかかっている人を除いて、私たちが世界と人生を発見することを禁じる人は誰もいません。

興味を持つことの重要性

興味深いことや新しいことに対して心を開くと、二重に利益があります。

自分の人生への集中度を高めることができ、しかも新たな自信が得られるのです。この集中力と自信は、潜在能力を活用し、人生にとって良い決断をするために欠かせません。

うれしいことに、私たちはいつでも好奇心を取り戻せます。

マインドファックを遮断し、新しい考え方を自分に許容すれば、オープンな姿勢で人生や他の人々に向き合えるようになります。このオープンな姿勢は、困難な状況で真価を発揮します。生来の学習能力を最大限に発揮させてくれるからです。

ティモシー・ガルウェイは、スポーツ選手との仕事の中で、選手が自分のしていることに興味と好奇心を持っているときは、明らかに習得が早く、はるかにいいパフォーマンスをすることに注目しました。好奇心を持っていると、たとえばこんな内面の対話をすることになります。

「これからどんなことを経験できるのか、とても楽しみだ」

「この課題を自分がどのように解決するのか、とても関心がある」

これが、先入観なく興味を持っているときの内なる対話です。

一方、マインドファックモードのときの内なる対話は……

「何てこった。どうやってこの状況を終わらせたらいいのだろう。ああ、これは大変だ！　また、自分の知らない新しいことが出てきた！　さっさと終わってくれればいいのに！」

通常は、この後に強制型や過剰モチベーション型など、さらなる自己妨害思考が押し寄せます。

最初の考え方と2つめの考え方とで結果にどんな違いが出るかは容易に想像がつくでしょう。最初のケースでは、人はリラックスし、集中していて、新しい経験に対してオープンです。きわめて大事な人生経験をする可能性が高まります。

こちらのアプローチのほうが良い結果になるのが予想できます。なぜならマインドファックは人を硬直させ、窮屈にし、不安にさせ、弱くするからです。そうなると、やろうと思っていたことも失敗するか、困難をきわめることになるでしょう。

好奇心の力は、いつでも試すことができますし、常に良い経験をもたらしてくれます。たとえば、あまり気乗りしない会合に向かうとき、意図的に好奇心のあるふりをしてみてください。心を開き、自分にこう語りかけるのです。

「たとえ気乗りしなくても、何を見聞きできるかには興味がある。今回は違った視点から見てみよう。きっと何かを学べるだろう」

興味を持って挑むと決めた途端に、あなたはすべてをコントロールし、能力をめいっぱい発揮できるようになるはずです。

興味を持つということは、ひとつの決断です。どんな状況でも、心を開き、興味を持って向き合うか、狭い視野と否定的な態度で向き合うかのどちらかです。

私は何年も前に、好奇心によって飛行恐怖症を克服しました。

飛行機に乗るのが怖かったのに、テネリフェ島（スペイン領カナリア諸島にある島）への休暇旅行を予約したのです。数週間も前から、頭の中では破滅型マインドファックが大きく膨らんでいました。

けれど、そのとき、２つのことを意識的に行うようにしました。

ひとつは、飛行機が連れていってくれる「美しい島」のことだけを考えて、生活の質の向上に役立つ感覚的視点を養うこと。そして、飛行中、できる限り席から立って、機内を探検することです。いつもなら自分を不安にさせる飛行機のエンジン音に意識を向け、自分にこう言い聞かせていました。

「ああ、この高さでこの方向に飛んでいるときは、エンジンはこんな音がするんだな」

私はすべてを心に留め、自分の破滅型マインドファックのエサにする代わりに、学習経験として感じたことを意識的に頭に入れるようにしました。
すると、しだいに気持ちが落ち着いてきました。飛行恐怖症を克服するのに生来の好奇心が役立ったのです。今では、私はたいてい飛行機が離陸する前に眠っています。

「自分の能力で対処できる」という信頼

また、ガルウェイは、学習とパフォーマンスの過程を助ける、別の姿勢を発見しました。学習とパフォーマンスだけでなく、むしろ人生全体にポジティブに作用すると言い足してもいいと思います。ガルウェイが発見したのは、私たちには状況に対処できることへの「信頼」が必要だということでした。

自分で自分を妨害しない限り、私たちはあらゆる能力を持っていて、新しい状況でも興味深い経験をし、学ぶことができるのだということへの信頼です。

古い考え方では、何度も同じことをやって、いつも同じ確かな結果が得られて初めて、自分を信頼していました。

古い考え方は「安全」と「コントロール」を目標としています。そのため、それらが保証されない新しい状況に直面すると、必然的に不信感を抱いてしまうのです。

不信型マインドファックでは、この間違った姿勢が最も強く現れます。

今日では、結果を通して確信を得たり、状況をコントロールしたりするよりも、自分が何かに対処できるという信頼感を取り戻したときのほうが、前進できます。

「それはもっともです。でも、どうしても信頼できないときにはどうすればいいんですか？」

あるクライアントがそう言ったことがあります。

ここで、信頼というものについてイメージしてみましょう。

片足をもう一方の足の前に出すとき、私たちは自分が歩けると信頼しています。夜、ベッドに横になるとき、私たちは朝になればまた目覚めると信頼しています。

信頼がなければ何事もうまくいきません。それは、自分で自分を妨害していない限りは誰もが持っている基本的な能力です。

「でも、歩いたり眠ったりすることについては、それができるという経験をすでにしているじゃありませんか」

クライアントはそう反論しました。もちろん、その通りです。

しかし、その場合でも、その人は最初の段階から、うまくいくと信頼していたはずです。かつて学んだことのすべてにおいて、私たちは、最初の段階からできると信頼していたはずなのです。

ですから、学習の世界チャンピオンは常に信頼の世界チャンピオンでもあるのです。

必要なのは、物事がうまくいくと信頼することではありません。それは楽観というべきでしょう。「自分の能力で対処できる」という信頼が必要なのです。

その一歩を踏み出すのは、私たちが思うよりも簡単です。

目をつぶってやり通す

ほんの少しの信頼が、好奇心や新しいことを試す意欲と結びついて、私たちの人生を大きく前進させます。

これは私たちの幸福ゾーンを広げるための秘策です。すでに述べたように、単調な歩みから逃れてさまざまな新しい経験をすることほど、私たちの活動性を高め、個人としての成長を助けてくれるものはありません。

また、このごくわずかな信頼には、「目をつぶってやり通せば、何とかなるだろう」というような、少し励まされる感じがあります。ほんの少しの信頼が、あなたの人生に奇跡を引き起こすことがあるのです。

信頼が本当に完全なものになると、お腹のあたりに大きな温かい感情がもたらされます。

それは低く穏やかなハミングのようで、私たちを即座に落ち着かせてくれます。この感覚をくりかえし認識し、強くしていくことで、周囲の人にも大きな影響を及ぼせるようになります。

自分自身を信頼している人は、落ち着きと自信に満ちています。

古い考え方では、信頼とは、信頼されるに足る証拠があって初めて得られるものでした。

かつてはやはり、不信と、コントロールを望むのが基本姿勢だった、というわけです。

誰もが互いに潜在的な敵であった社会ではそれも仕方ありません。

しかし、安全な環境における平等な大人の社会ではもはや意味がありません。不信は、個人の学習と成長の可能性という点でも、また生活の質という点でも、私たちを制約するからです。

ポジティブな経験をする可能性を信じるからといって、世間知らずというわけではありません。ネガティブな経験の可能性に対しても目をつぶるわけではないからです。

しかし、信頼することに決めれば、どのような状況の中でも良い経験をするチャンスは高まります。そして自己効力感が高まれば、最終的には、悪い経験に対処する能力も高まります。

自分自身に対する信頼を育むことは、いついかなるときにも大切です。けれど、女優のロミー・シュナイダーがこの場にいたら、おそらく反論したでしょう。

彼女はかつてこう言いました。

「私は誰も怖くない。私自身を除いては」

きっと、私たちにとってはおなじみの「内なる番人」のことか、自己妨害によってもたらされる心の声のことを言ったのでしょう。

自分自身に対する不信は、たいていの場合、マインドファック癖のサインです。また、「内なる番人」が定めた価値観が自分の欲求や周囲の世界と一致しなくなっているという証でもあります。

自分の能力を信じる

ガルウェイが言い、私が日々取り組んでいる信頼とは、個人とその人の能力に対する信頼であって、必ずしも宗教的なものではありません。

信心深い人たちには神に対する信頼があります。それは、起こることはすべて、神がそのように望んだのだから正しいのだという仮定的な確信です。また、多くの人は、「きっとうまくいくさ」という言葉で表せるような信頼感になじみがあるでしょう。

私が言う自己への信頼をまとめると、こんなふうになります。

「私は、この事態への対処の仕方を学び、それを実践できると信じている」

著名な研究者キャロル・ドウェックも、自己イメージについて同じような発言をしています。つまり、自分を過大評価も過小評価もせず、単に、学習と成長への自分の潜在能力、そして起こり得るすべての状況に大人として適切に対処できる自分の能力を信頼するということです。

好奇心と興味だけでなく、信頼を持って人生の問題や課題に取り組めば、私たちの考え方は改善され、自信もつきます。そうすれば、適切な判断をし、良い経験をするチャンスが大いに高まるのです。

新しい状況に信頼で対処する

この信頼の姿勢を、古い思考と比較してみましょう。

私は、企業の中で変化にうまく対応できない人と話すことがしばしばあります。

あるクライアントが、また新しい上司が来ると不平を言ったことがあります。彼は、不信感をあらわにして言いました。

「ふん、今度は誰が来るんだ？　誰が来たところでたいして変わりはないさ」

これでは、彼が新しい上司を本当に知ろうとする気がないと思われても不思議ではありません。彼は安全とコントロールという古い指針に従って、大急ぎで大ざっぱなイメージをつかんで、新しい上司を評価し分類しようとしていました。

そうすれば、たとえ良い感情を得られなくても、状況をコントロールできるという感覚は得られるからです。このような顔合わせがどのように進展するかは十分想像がつきます。

私は彼に、信頼と少しの好奇心を持ってみるよう勧めました。

そうすると、どんなふうに感じられるでしょうか？

この姿勢で新しい上司に向き合ったら何が違ってくるでしょうか?

クライアントはしばらく考えてから言いました。

「ふむ、もしかしたら上司はそれほど悪い人じゃないかもしれません。少し観察してみてもいいでしょう」

私は彼に、新しい上司のことに集中して、最初の顔合わせからできるだけたくさんの情報を引き出すように求めました。昆虫学者が新種を観察するように、新しい上司を観察してください、と言いました。次の面談で、クライアントはほがらかにこう報告しました。

「まあ、新種ではありませんでした。でも、私が思っていたほど悪い人でもありません。むしろ会話がはずみました」

パートナー選びをあきらめていた女性

ティモシー・ガルウェイはさらに、新しい考え方を受け入れるための「第3の姿勢」も提示しています。

新しい体験をするときには、体験そのものに喜びを感じることで、リラックスした状態を保ち、プロセスを楽しめるようになります。

ティモシー・ガルウェイが私に20分でテニスを教えたときのことを覚えているでしょうか?

とにかく楽しむように、ゲームの楽しさに集中するように彼から言われたことで、私は動きが速くなり、ボールを強く打ち返せるようになって、大きな進歩を遂げました。この瞬間に、私は本当にテニスをし始めたのです。

ライフコーチングをする中で、新しいパートナーを何よりも切望している高齢の女性の相談に乗ったことがあります。彼女はすでにいくつかの紹介所を利用したことがありましたが、お膳立てされた出会いはもうたくさんだと言いました。

詳しく聞いてみると、紹介所はとても興味深いパートナーを紹介していたのですが、彼女はどうしても乗り気になれず、無関心で不信に満ちた態度をとってきたのだと言います。

「会う前からいつも、すぐに終わればいいと思っていました。緊張感に満ちた〝知り合うためのデート〟が嫌なのです」

こうして話すうちに、彼女は、パートナー紹介所がお膳立てした出会いではない場合でも、脈のありそうな人との最初のデートでは同じ状況に陥るのだということがわかりました。

私は彼女に、好奇心と信頼と、経験への喜びという新たな姿勢で試してみるように提案しました。すると、興味を持てる男性が何人か出てきたと言います。けれどそのうち、マインドファックがこんな言葉で現れたのです。

「どっちみち、またうまくいかないわ。いい人がいてもその人は私に関心を抱かないだろう」

「私が彼に何を与えられるというのだろう。彼だってもっと若い人を選ぶだろう」

もちろん、これとは反対の、過剰モチベーション状態に陥るのもよくありません。彼女の子どもたちは、どのデートでも、どんな素敵な男性だろうかと思い描いて心から楽しみにするべきだ、そうすればうまくいくだろう、と言っていました（当然私たちにはすでにわかっているように、どちらも同じコインの表裏にすぎません）。

そこで私は、期待しすぎず、純粋な好奇心と関心を持って試してみるように彼女を勇気づけました。

「彼はどんな感じだろうか？」

「何に興味があるのだろうか？」

「休日には何をするのが好きなのだろうか？」

このような質問によって、彼女は出会いへの意欲を取り戻しました。

それから、私たちは信頼について話しました。いずれにしても興味深い数時間になるだろうということへの信頼、そして、相手を好きになってもならなくてもいいし、彼女はいつでも相手を好きになることも好きにならないこともでき、またどちらの気持ちになってもそれに応じた対応ができるということへの信頼です。背を向けるのでも夢中になるのでもなく、まずは様子を見ることもできます。

素敵な会話が交わせるかもしれません。そうでなくても、ひとつの出会いのぶんだけ豊かになれるかもしれません。こうして彼女は、出会いそのものを楽しむことに決めました。

つまり、デートの前、最中、その後を通して、どんな種類の経験も彼女の活動性を高め、新しい恋愛へのチャンスを広げてくれ、そして楽しむと決めたときには必ず楽しめるのだという強い思いを持つようにしたのです。

実際、たいていの場合は、マインドファックモードのままでいるか、生活の質や好奇心、信頼、経験への喜びをとることにするかという、意識的な決断の問題なのです。

前者を選べば、私たちは窮屈で硬直したままとなり、後者を選べば、自分自身の視野を広げ、リラックスし、印象に残る経験をすることができます。すべてを予測できるわけではないかもしれませんが、人生は不意に、喜びに満ちたものになります。

なぜ失業中の男性は自信を取り戻したのか

新しい考え方を始めたばかりのときは、メタ視点に立ち、意識を集中して決断をしなければならないこともあるでしょう。

慣れてくると、私たちは新たに方向づけた内なる観察者を通じて、自然と決断できるようになります。そのとき、これが私たちの新しい性質、つまり個性の一要素になります。

古い考えに従うと絶望的に思える状況でも、考え方を新しく方向づけることによって前進することができます。

私は、数年来失業中というクライアントと仕事をしたことがあります。彼は熟練した機械工で、そのときには、もう一度職探しを試みるかまったくあきらめるかが差し迫った問題となっていました。状況は深刻で、彼は並行して精神療法士の治療も受けていました。何年もの間、職が決まらずにいたのです。

彼は勇気をなくし、自分は43歳にして、もはや必要とされないのだという結論に達していました。

私たちはまず、彼を苦しめている数々の心の自己妨害を慎重に観察しました。自分に価値がないという思い、暗い将来、自分に対する不信などについての考えをそれぞれ吟味しました。

そうして彼は、マインドファックの向こう側にいる本当の自分を再発見したのです。

本当の彼は、数々の才能があり、好奇心いっぱいで人生を楽しもうとする性格を備えた、親切で頼りになる男性でした。

最初のステップとして、彼は自分の思考を安全や従属に向けず、生活の質に向けることを学びました。最初のうちは、失業者なのにそんなことをしていいのかと不安がっていました。

しかしそのマインドファックを終わらせると、彼は数年ぶりにリラックスするようになりました。心の調子が悪いと、長期的な決断や、困難な計画をするのにふさわしい考え方ができなくなってしまいます。ですから、まずは彼がプレッシャーやストレスのない、良い心の状態に戻れるように支援するのが私の方針でした。

さらに彼の助けとなったのは、家族の全面的なサポートでした。

次のステップとして、私たちは、「好奇心」「信頼」「経験への喜び」という姿勢に徹底して取り組みました。私は彼に尋ねました。

「これらの姿勢を備えた上で、人生の新しい段階に入れるとしたら、どうですか?」

私たちは彼の人生の中から、好奇心、信頼、経験への喜びを体験した事例を探し、それを彼の現在の状況に当てはめてみました。

後になって彼は、このことが顔を上げて進む助けになったと言っていました。彼は首をすくめたり自分を恥じたりすることがなくなり、いつでも使うことのできる資質が自分の中にあると感じられるようになりました。

自分自身を新しい考えに導く

ある面談では、注意力というテーマに時間を費やしました。

自分の貴重な注意力をどこへ向けたいか、という話です。

その前の数週間で、彼はすでに、何かに注意を集中することでいかに早く学んだり、物事を認識したりできるかという経験を積んでいました。

彼の状況で重大な要因は、もちろん仕事でした。私は彼に、あれこれと条件をつけず、とにかく人生の一部としての〝仕事〟に集中するよう伝えました。

彼は、自分を妨害することを意識的にやめて、バランスのとれた人がするように、独自の創造的な方法でそれを実行しました。

ずっと家にいて何度も求人広告をめくる代わりに、彼は外へ出たのです。

街を歩き回って、好奇心旺盛な若者が仕事を探しているかのように考えました。

これまで、彼は昔と同じ機械工の仕事に就くことにこだわっていました。それが今は、自分の周りを見回し、視野を広げ、自分をまったく新しい考えに導こうとしていました。

次の面談では、彼はこの街歩きの間に自分を襲ってきたさまざまなマインドファックについて笑いながら報告してくれました。

求人広告を探さなければならないのに、「無為に」街中を歩き回っている場合ではない、こんなのは全部バカげている、などなど。

しかし、彼はすでに自己妨害の影響力もどうやってそれを打ち破るかも心得ていました。ブラブラと歩き回っている間にさまざまな新しいアイデアが浮かんだというので、私たちはコーチングでそのアイデアを一緒に検討していきました。

最終的に成功に結びついたアイデアは、偶然に対する彼のオープンな態度から生まれたものでした。

ある日、彼は工事現場の前で犬を連れた警備員と出会いました。

私のクライアントは大変な犬好きだったので、その警備員と自然と言葉を交わすようになりました。そのときに警備会社の従業員の仕事について、いろいろと話を聞き、新しい考えが生まれたのです。彼は自分の体験とアイデアを妻に話し、妻は機会があれば警備員の仕事に応募してみるよう彼を励ましました。

次の面談のとき、彼は情報を山ほど集めてきました。

私たちは成功につながる応募戦略を練り、どうすればオープンな姿勢で、信頼と自信、経験への喜びを持って面接試験に臨めるかを考え、訓練しました。

2度めの模擬面接の後には、すでに彼は仕事のオファーを受けていました。

建設的な生き方をした結果得られる経験の喜びは、人生において勇気を持つために役立つだけでなく、新しいことを学び、難しい目標を達成するのに最善の姿勢でもあります。

来《きた》るべき時代に大いに役立つ基本姿勢なのです。

心と身体を和解させる

マインドファックモードで考えていると、緊張し、窮屈になり、息切れがします。心の中で攻撃と抑鬱をくりかえしていると、多くの人が自分の体や感情との接点を失ってしまうのも理解できます。

本来の自分の意志に沿わないことをやるときには、身体と感情を自分から切り離すからです。服従し忠実でいるためには、自分の身体と感情を切り離すという代償が必要なのです。とくに過去の時代、他人の権力と暴力にさらされていた人にとっては、できるだけ〝感じない〟ようにしたほうが良かったのです。

そうでなければ、多くの人にとって、人生はこの上ない苦痛だったでしょう。

しかし、それでも権威主義的システムの中では、昔も今も常に感情が利用されています。いわば古い考え方による〝むち打ち〟です。

誰でも失敗すれば嫌な気分になりますし、不安を感じると震えたり汗をかいたりします。自分や他の人の要求をかなえられると幸せな気持ちになります。破壊的な古い思考の中では、身体とそれに伴う感情は処罰や称賛のため、命令と服従のシステムを内面化させるために使われてきました。

生物学的存在としての私たちの身体は、数百年にわたって恥と罪の生まれる場所であり、覆い隠され、軽んじられてきました。肉体には価値はなく、精神や魂がすべてでした。そして、身体と心の関係はバラバラになりました。極端な考え方は、私たちの生命の基盤にまで及んでいたのです。

西欧社会では、１９８０年代頃からこれとは反対の風潮が認められるようになりました。いきなり、「身体」がきわめて大切なものになったのです。

健康で美しく、強く、スリムな身体は、今日まで多くの社会階層や多くのメディアでもてはやされています。人々はフィットネススタジオに駆け込み、男性も女性もヨガや正しい食事によって悟りが得られると期待しています。今や身体が心を操っているのです。

自分のコンディションを知るための「身体日記」

建設的な新しい思考では、身体と心は互いに補い合います。心と同じく、身体も私たちの自我の基盤です。

そして、身体とそれに伴う感情は、いつも重要なフィードバックを提供してくれます。私たちが緊張しているか、不安を感じているか、それともリラックスしてオープンな状態かを示してくれるのです。

私は、新しい目標を見据えているクライアントに、「身体日記」をつけるよう勧めることがあります。

身体は、ときに心よりも早く、私たちが古い自己妨害パターンに陥っていることを示してくれますし、マインドファックのない建設的な思考がいかにすばらしくて有用かを明確にフィードバックしてくれるからです。より良い感情は常により良い思考と結びついていて、リラックスして建設的に目標を達成する能力を高めてくれます。

「身体日記」をつけると、自分の注意力を身体感覚と感情に向けるトレーニングができます。かつて、仕事上でいつも他人の欲求ばかり尊重し、自分の欲求をないがしろにしてきたクライアントに「身体日記」をつけてくださいと頼んだことがあります。

日記には、1日のうちの一定の時刻にどのくらい気分良く感じているかを0~10の等級で記入してもらいました。

このクライアントに対しては、直接的な目標達成戦略で対応するのではなく、感情トレーニングをすることにしたのです。彼女には、感情の状態を詳しく、できるだけ表現力豊かに、徹底的に列挙してくださいと頼みました。

すると彼女は、オフィスにいる間、とくに「むなしい」「精も根も尽き果てた」「ヘトヘト」「すっかりこわばっている」「完全にまいっている」と感じていることに気づきました。

そこで、コーチングのときに、少し時間をかけてこれらの感情とは正反対の感情に意図的に切り替えてみてくださいと頼みました。

反対の感情として、彼女は「充実した」「うれしい」「頭がさえている」「リラックスしている」を選びました。

私が「その感情を味わっていると想像してみてください」と言うと、彼女は自然と身体をまっすぐに起こしました。すると、すぐに体中を脈打って流れる温かいエネルギーを感じたといいます。私は彼女に尋ねました。

「今、何を考えていますか？　今感じているように職場でも感じたいなら、職場でのあなたの行動はどんなふうに変わるでしょうか？」

彼女はこう答えました。

「他の人が私に求めるものを消極的に待つのではなく、もっと積極的になります。自分にとって何が大事か、その日に何をやり遂げたいのかをきちんと把握し、人を助けるばかりでなく、援助を求めるようになるでしょう」

この認識が、彼女に突破口をもたらしました。身体感覚に集中したことによって、新たな認識が彼女の心に生まれたのです。

彼女がこのような経験をした理由は、今日では科学的に証明されています。そう、感情が思考を生み出し、思考が感情を生み出すのです。

ですから、知ったかぶりを卒業してより良い考え方をする人になりたいなら、自分の感情と身体を再びひとつにし、一方が他方にどんな影響を与えるかに注意することが大切です。

理性と感情とが互いに対立するのは、理性が古い思考モードに基づいて、まったくやりたくないことを指示するときだけなのです。

感情に対する恐れをなくす

理性重視の私たちの世界がいかに感情を軽んじているか、あるライフコーチの研修会で実感しました。その研修会で、私は駆け出しのコーチたちに、さまざまな感情や心理状態をできるだけありありと自分の心に描いてくださいと言いました。

喜びや好意、愛情、驚き、興味、熱愛など、さまざまな感情を自分の中に移行させ、それらをできるだけ強く感じるという練習です。

私はこの作業を「幸せストレッチング」と呼んでいます。というのも、長年にわたるマインドファックによって、私たちの多くは感情を抑えることを身につけてしまっているからです。

一番びっくりしたのは、30代初めのある参加者が、熱愛がどのように感じられるものかを知らなかったことでした。

彼にはこの概念がまったくわからず、それに関する感情も見つけられませんでした。

私は彼に、最後に恋をしたのはいつですかと尋ねました。すると彼は率直に答えました。

「恋愛はぼくには危険すぎて……。感情が高まると、逃げ出してしまうのです」

強い感情は、たとえそれが好ましい感情であっても、いまだに多くの人に不安を抱かせます。感情を理性的に制御できなくなる不安、すべてをコントロールできなくなる不安です。

数カ月後、この参加者は、好奇心と信頼と経験への喜びを意識して生活していたら恋をしたと私に報告し、晴れやかに笑いました。

建設的な思考とは、身体と心を再び和解させること、そしてその調和を基盤にしてすばらしい生活の質を求めることです。

古い思考パターンに陥っているときは、緊張、苦痛、ストレス、不安がそれを知らせてくれます。生活の質という基準に従えば従うほど、落ち着いて自由に考え、感じることができるようになります。

理想的な人生のために集中すべきこと

さて、これまでに学んできたことを、どのように生かせばいいでしょう？

マインドファックを見きわめ、理解し、ストップさせたら、何が起こるでしょうか？

私たちが、新しい世紀を生きる、可能性に満ちた大人だということを、好奇心と信頼と経験への喜びを持って意識したら、その先はどうなるでしょうか？

心を思い通りに活用して、意味のある充実した人生を形づくることができると気づいたら、その先はどうなるのでしょうか？

私たちの新しい思考は、そこからさらに一歩前進し、私たちは自分の人生で本当に大事なものに集中できるようになります。そのときに重要なのは以下の点です。

・生活の質という基準を一番の優先事項にすること
・「AもBも」という方式で考えること
・両立しないように思える感情や思考、目標の間に〝and〟という言葉を入れること
・自分の感情、衝動、欲求、そして夢を認識し、そこをスタート地点にして考えること
・学びの機会、新しいことにオープンでいること。また、自分とは異なる欲求を持つ他者との出会いにオープンでいること。ただし、自分の欲求もないがしろにしないこと。

この新しい方式で考える習慣がついた人たちは、これまでできると思っていなかった変革や目標を達成したと言っています。

私のクライアントの多くは、実際にすっかり人生を変えました。彼らは創造性の爆発や自由

を経験し、おかげでこれまで知らなかった成果や軽快さを得られたと言っています。

仕事でもプライベートでも、著しい進化を遂げ、自分がまるで新しい人間になったかのように感じているという人もいます。確かに、内面と外面を一致させ、自分のために心を働かせられるようになれば、生まれ変わったも同然なのかもしれません。

心が澄みわたり、バランスがとれていると、それが見た目にも現れます。自分自身に満足し、それが表にも現れているのが、その人の本当の姿です。

本物の人生を歩むのに、年をとるのを待つ必要はありません。

今、この瞬間に始めることができるのです。

人生の重要な「変数」

テニスでは、ボールが成功とゲームの楽しさのための「重要な変数」であったように、私たちの人生にも重要な変数があります。それは次のような要素です。

・自分の思考……内なる対話の質、心の中での自分自身に対する接し方
・自分の身体……フィードバック提供者としての身体をいかに活用するか、身体をどのように感じるか、身体とどのようにつきあうか

・他者との関係……他の人とのつながりを構築する能力、それを楽しむ能力。与えること、受け取ること、そして互いに協調すること。家族、恋愛、友情、仕事、社会、いずれにおいても同様
・フロー……すべての行動において、意義、充足、興奮、集中を感じること
・物質的存在……自分の能力や個性を十分に発揮するために必要なものがそろっているときに得られる安全と自由

いずれも、私たちが新しい思考によって、先入観を持たずにオープンに取り組めば、思い通りの発展を遂げてくれます。どのような発展を遂げるかは、私たちの決断——バランスのとれた成熟した大人として、何のために責任を引き受けるか、どこに注意力を向けるか——にかかっています。私たちが日々関わっている事柄こそが、生活の質を決めるのです。

自分の注意力を、問題や障害、マインドファックに向けるか、それとも本当に望んでいる人生に向けるかを選択するのは、私たち自身なのです。

有限の資源——時間と身体

すべての人は、自分の人生を意識的に形づくり、調和のとれた選択をする能力を持っていま

す。しかし、とくに注意を払わなければならない限りある資源が２つあります。

ひとつは、時間です。

日々の生活から始まって、人生全般にいたるまで、時間には限りがあります。

もうひとつは、私たちの身体です。

心は空間や時間をあっという間に超越し、同時に多くのことができるように思われるのに対して、私たちの身体は今、この場に結びつけられています。

身体は順応しますし、限度があるとはいえ、私たちが考える以上のことができます。

それでもやはり、時間に従っています。

私たちの心の働き方は多様で無限です。しかし、私たちは毎日、自分の思考、力、想像力、そして愛を、何のために使うかを決めなくてはなりません。

ここで賢い決断が迫られることになります。

あなたにとって、１００パーセントの人生とはどんな人生ですか？

あなたの生活の質にとって最も大切なものは何ですか？

あなたはあなた自身の貴重な注意力を何に向けますか？

さあ、何から始めますか？

【著者】

ペトラ・ボック Petra Bock

1970年生まれ。作家。経営コンサルタント。政治学博士。ベルリン自由大学客員講師。

1990年代、大学で20世紀の政治システムの転換について学んだのち、民間のコンサルタント企業に入社。変化のプロセスの専門家として、企業の変革の支援や経営者への助言を行う。そのなかで、「個人」の変化のプロセスにも強い関心を持つようになり、どうすれば自分を犠牲にすることなく目標を達成し、意義ある人生を送れるかというテーマに取り組んできた。2008年にはドクター・ボック・コーチング・アカデミーを設立。「潜在能力を発揮し、仕事のパフォーマンスを上げるとともに、生活の質を上げるためのコーチング」を目標とする同アカデミーでは、スタッフとともに、ビジネスコーチ（仕事で力を発揮する手伝いをするコーチ）とライフコーチ（人生の目標を見つけ、それを実現する手助けをするコーチ）の育成に日々力を注いでいる。著書に、ベストセラー『Die Kunst, seine Berufung zu finden（自分に合った仕事を見つけるコツ）』などがある。

著者ウェブサイト（ドイツ語）
https://www.petrabock.de/en/

【訳者】

田中順子（たなか・じゅんこ）

1968年、山口県生まれ。お茶の水女子大学文教育学部史学科卒業。出版社勤務を経て、現在はドイツ語の翻訳に携わる。訳書に『カメが教えてくれた、大切な7つのこと』（サンマーク出版）、『緊急速報（下）』（共訳、早川書房）など。

臆病な自分から自由になる方法

2017年12月1日　第1刷発行

著者　ペトラ・ボック
訳者　田中順子
ブックデザイン　bookwall
翻訳協力　株式会社リベル
編集　木田秀和
発行者　山本周嗣
発行所　株式会社 文響社
〒105-0001　東京都港区虎ノ門2-2-5　共同通信会館9F
ホームページ　http://bunkyosha.com
お問い合わせ　info@bunkyosha.com
印刷・製本　中央精版印刷株式会社

ISBN コード：978-4-86651-035-4　Printed in Japan
この本に関するご意見・ご感想をお寄せいただく場合は、郵送またはメール（info@bunkyosha.com）にてお送りください。